MONOGRAPHIE

de

Montaigu-le-Blin

Par Jules MOREL
Délégué cantonal, conseiller municipal de Montaigu-le-Blin,
membre de la *Société Bourbonnaise des Études locales*.

Moulins. — Société Bourbonnaise des Études Locales

1921

VICHY
IMPRIMERIE G. COLLON
77, Route de Cusset

MONOGRAPHIE

de

Montaigu-le-Blin

Par Jules MOREL

Délégué cantonal, conseiller municipal de Montaigu-le-Blin,
membre de la *Société Bourbonnaise des Etudes locales*.

Moulins. — Société Bourbonnaise des Études Locales

1921

VICHY

IMPRIMERIE G. COLLON

77, *Route de Cusset*

AVANT-PROPOS

« Cette Monographie communale est l'œuvre de M. J. Morel, propriétaire-cultivateur à Montaigu-le-Blin, qui a consacré sa vie à l'étude de sa commune. »

Le Président de la « Société Bourbonnaise des Etudes locales ».

Maurice DUNAN.

Cusset, le 19 février 1921.

Cher Monsieur Morel,

Que pourrai-je ajouter à la dédicace que notre regretté président inscrivait de sa main sur la couverture de votre manuscrit, avant de l'envoyer à l'Exposition de Lyon, en mai 1914 ? Je ne peux que vous répéter cette appréciation qu'il vous donnait lui-même, lorsqu'il vous écrivait, le 17 mai 1914 : « Monsieur et cher Collègue. Je n'ai pu vous écrire plus tôt pour vous dire tout le bien que je pense de votre travail sur Montaigu-le-Blin, qui résume tant de patientes et consciencieuses recherches... »

Votre monographie devait être publiée à son retour de Lyon, où elle figurait en bonne place parmi les travaux de la « Société des Etudes locales, dans l'Enseignement public ». La guerre ne l'a pas permis. Et, si malgré les difficultés presque insurmontables qui subsistent encore, elle peut être imprimée aujourd'hui, c'est, je suis bien obligé de le dire, dût votre modestie en souffrir, à votre générosité que nous le devons.

Après le jugement porté par M. Dunan, j'aurais mauvaise grâce d'insister sur la valeur de ces pages. Mais laissez-moi vous féliciter bien sincèrement de l'exemple que vous avez donné, et que je voudrais voir suivre dans toutes les communes.

Il est à souhaiter que dans chaque école, dans chaque mairie, dans chaque foyer, il y ait un petit livre, comme le vôtre, qui expose avec simplicité et clarté ce qu'il n'est pas permis d'ignorer sur le pays où l'on vit; qui rappelle les souvenirs des siècles passés; qui dise les mystères que renferment les ruines anciennes; qui raconte les légendes des sources, des arbres, ou des pierres; qui évoque les joies et les peines dont la vieille église a été le témoin à travers les âges.

Vous avez compris combien, à notre époque de bouleversements sociaux et de déséquilibre moral, il était plus que jamais nécessaire de rattacher l'homme à son passé et à sa tradition. Lui faire connaître et aimer l'histoire de son village, de la terre qu'il cultive et où ses aïeux reposent, c'est le meilleur moyen de l'enraciner et d'enrayer cet inquiétant exode vers les villes dont vous signalez avec raison le danger dans votre conclusion.

En écrivant cette petite monographie de Montaigu-le-Blin, en désirant en assurer la vulgarisation parmi vos compatriotes, non seulement vous avez rendu à votre pays natal un hommage de piété filiale, mais encore vous avez accompli une œuvre vraiment patriotique et profondément morale. Au nom de la « Société Bourbonnaise des Etudes locales », je suis heureux de vous exprimer toute notre gratitude.

Veuillez agréer, mon cher Confrère, l'assurance de mes sentiments cordialement dévoués.

Joseph VIPLE,

Président de la « Société Bourbonnaise des Etudes locales ».

MONOGRAPHIE

DE MONTAIGU-LE-BLIN

La monographie de Montaigu-le-Blin, que nous nous hasardons de livrer à la publicité, est loin d'être une œuvre parfaite et complète. Beaucoup de points restent encore ignorés, beaucoup de documents pouvant contribuer à notre histoire locale dorment dans les archives administratives ou familiales. Peut-être serviront-ils un jour à parfaire le travail présenté aujourd'hui au public ?

Ce sera l'œuvre des monographes de l'avenir.

Mais telle qu'elle se présente actuellement, elle comble une lacune en mettant à jour des faits locaux jusque là complètement ignorés de la masse de la population du pays.

Nous ne pouvons donc que féliciter et remercier la Société des Etudes locales dans l'Enseignement public, et en particulier la Section Bourbonnaise de cette Société, de vulgariser ces études historiques et autres, particulières à chaque commune, et du concours qu'elle nous prête pour les répandre dans le public.

Grâce à elle, il sera possible d'enseigner aux élèves de nos écoles les faits qui se sont passés dans leur commune, et de leur apprendre comment ont vécu leurs ancêtres.

Que de fois nous sommes-nous demandé, avant d'effectuer les recherches auxquelles nous nous sommes livré, quels mystères renfermaient ces vieilles tours féodales qui dominent toujours le bourg de leur masse imposante ! Les anciens ne savaient rien du passé ni des possesseurs de leur pays. Quelques légendes s'étaient accréditées qui n'avaient rien de fondé : des documents authentiques les ont détruites.

Peut-être bien que dans les faits que nous allons exposer, quelques erreurs se sont glissées ; elles sont attribuables moins à notre bonne foi qu'aux sources où nous avons puisé nos renseignements. Cependant nous devons avouer qu'il nous aurait été impossible de mettre sur pied notre petit ouvrage si nous n'avions pas eu recours à ceux de MM. Aubert de la Faige, le Dr Cornillon ; aux Archives historiques du Bourbonnais, au Bulletin de la Société d'Emulation, etc., etc...

Il serait injuste de ne pas rendre à chacun ce qui lui est dû.

En terminant, nous exprimons le vœu que notre exemple soit suivi par toutes les communes de l'Allier, ou plutôt par touts les communes de France.

La Monographie, ou Histoire locale, ferait partie dorénavant des livres classiques à l'usage des écoles au même titre que l'Histoire de France, et la conséquence heureuse serait peut-être que, nos jeunes écoliers prenant goût et affection pour le pays qui les a vus naître en apprenant son histoire, tiendraient à cœur d'y vivre, de s'y établir, et de travailler à le rendre de plus en plus beau et plus riche pour y couler des jours heureux au lieu d'aller se réfugier dans l'atmosphère étouffante des grandes villes.

J. MOREL.

Topographie

La commune de Montaigu-le-Blin fait partie du canton de Varennes et de l'arrondissement de Lapalisse. Elle est située par 1°-10'-13" de longitude est, sur 46°-17'-24" de latitude nord, soit une avance de 4'-40" sur le méridien de Paris.

Elle est limitée au nord et à l'ouest par la commune de Boucé, à l'est par Cindré, au sud par St-Gérand-le-Puy.

Le bourg est situé à 1 kilomètre de la limite de Boucé, 3 kil. 500 de la limite de Cindré, et 2 kil. de celle de St-Gérand-le-Puy. C'est la principale agglomération de la commune.

Les autres sont peu importantes. Sur la route de St-Gérand s'étend le village ou faubourg du Cinquin qui comprend 15 feux ; la Sabotière, 12 feux, Ciernat, 12 feux ; le Clocher, 5 f., Poncenat, 5 f.

Dans la campagne, on trouve Beaurepaire, 7 feux, Le Chapeau, 7 f. Et enfin. le hameau des Communes, sur la route de Lapalisse. qui compte une quinzaine d'habitations non agglomérées. Toutes les autres maisons sont éparses.

La superficie est de 1.245 hectares .ce qui. pour une population de 877 habitants, fait 70 habitants par kilomètre carré, c'est-à-dire à peu près la population moyenne de la France.

Le sol, accidenté, forme des pics ou turails, des collines, des vallées. Les sommets les plus élevés sont le turail des Voisins, 342 m. d'altitude, la colline des Garennes 339 m., Chervignière, 339 m., le turail des Lapins, ceux du Riage et du puy Maudan, près du bourg.

La plus basse altitude est au moulin du Saule : 268 m.

Deux ruisseaux coulent sur le territoire de Montaigu et se jettent dans le Valençon.

Le ruisseau de Poncenat descend les hauteurs de Gondaï, arrose le sud et l'ouest de la commune, à laquelle il sert de limite, et entre sur le territoire de Boucé.

Les eaux mettent en mouvement les moulins de Poncenat et du Saule, qui moulent le blé des ménages fabriquant eux-mêmes leur pain.

Le ruisseau de Poncenat a environ un mètre et demi de large et peu de profondeur. Ses eaux nourrissent quantité d'écrevisses dont la pêche est une des distractions favorites d'un grand nombre d'habitants ou d'étrangers qui viennent s'y donner rendez-vous.

Le ruisseau du Haut-Valençon a sa source au lieu dit les Neuf-Fonts, au pied du village de Presle.

Il alimentait autrefois les étangs des Morets, et le grand étang qui s'étendait au pied du Vieux-Château, au-dessous duqeul était un moulin qui n'existait plus en 1789 puisqu'on désignait déjà cet emplacement sous le nom « le Vieux Moulin ».

Il arrose aujourd'hui la partie la plus fertile de Montaigu, mais cette fertilité n'est pas naturelle, elle est due à l'assainissement des terrains qui n'étaient autrefois que marécages malsains et sans valeur. C'est pourquoi les auteurs anciens placent le château féodal « sur un sommet calcaire, dans une plaine marécageuse ». Aujourd'hui, cette description n'est plus exacte.

Pour assainir les marais, il fallait une association générale des propriétaires des terres situées au bord du cours d'eau. C'est en 1868 que l'idée prit naissance sur l'initiative de M. Rambourg, riche industriel qui avait acheté l'importante terre de Boucé, située en grande partie sur les deux rives du ruisseau.

L'entreprise n'était pas sans difficultés, et surtout l'idée était bien nouvelle, mais comme elle venait de haut, elle fit rapidement son chemin, car la première assemblée générale obtint 83 adhésions de propriétaire sur 152 intéressés. Le 16 avril 1869, le syndicat était constitué sous le nom de Syndicat du Haut-Valençon, et il surveille aujourd'hui une surface totale de 2032 hectares de terrains drainés, répartis sur sept communes.

Montaigu n'entre même que pour une faible part dans cette surface : 64 hectares 0284 répartis entre 17 propriétaires, contribuant chacun pour une quote-part dans les dépenses annuelles qui consistent surtout en travaux de curage et de faucardement du ruisseau. Ils s'élèvent en moyenne à 1 fr. 50 par hectare et par an.

Le ruisseau du Haut-Valençon alimente aussi le lavoir public du Vieux-Moulin, clos et couvert depuis 1892.

Etymologie

Rien n'est plus difficile à orthographier que Montaigu-le-Blin, car l'étymologie exacte est également difficile à établir.

En 1356, Galahaut de Lulhy, gouverneur du Bourbonnais, écrit Montagu-le-Blain.

En 1651, la « Gazette de France » écrit successivement dans un même article, Montégut-le-Blin, Montaigu-le-Blin, et Montégu-le-Blin.

Depuis environ 40 ans, les actes administratifs de la commune sont rédigés au nom de Montaigut-le-Blin.

D'un autre côté, les publications quotidiennes ou périodiques, notamment le « Bulletin de la Société d'Emulation » (compte-rendu de l'excursion de 1911), écrivent Montaigu-le-Blin.

Nous croyons que c'est cette dernière orthographe qui doit prévaloir.

En ce qui concerne l'étymologie de la première partie, Montaigu, elle dérive sans doute du latin (monte acuto) ou mont aigu, c'est-à-dire un mont ou éminence plus ou moins pointue. Telle devait être celle sur laquelle s'élève le vieux château féodal et que l'on rasa pour l'y asseoir, car il est visible qu'il est bâti sur le rocher mis à nu.

Tous les Montaigu que nous connaissons évoquent l'idée de montagne plus ou moins haute. Il n'y a donc pas à hésiter sur l'origine du nom.

Quant à la seconde partie (le Blin), elle est plus difficile à établir.

Dans son ouvrage « Les Fiefs du Bourbonnais », Aubert signale la présence à Montaigu d'une famille seigneuriale de Blayn, ou Bleynet, qui portait le nom de Blayn de Montaigu. Est-ce là l'origine de Montaigu-le-Blin ?

On ne peut que poser un point d'interrogation.

Il est à remarquer qu'il y a encore plusieurs familles de Blain à Montaigu, ou aux environs, mais le nom s'écrit aujourd'hui Belin.

Mais on pourrait, avec quelque vraisemblance, donner une autre origine au nom de « belin ».

Montaigu a toujours possédé d'importants troupeaux de moutons qui paissaient sur ses sommets une herbe fine et parfumée. Ces troupeaux bêlants prenaient vulgairement, en langage du pays, le nom de belins. Qui ne se souvient avoir vu, il n'y a pas encore bien longtemps, les bergères affectées à leur garde, le dos recouvert d'une toile blanche et grossière appelée bourra, posée en écharpe pour se garantir du froid ou de la pluie? On les désignait presque toujours sous le nom de belinières.

De là peut-être une autre raison du nom de Montaigu-le-Blin.

Dans ce dernier cas, blin, ou belin, s'écrirait sans majuscule.

De sorte qu'on peut disserter longuement sur l'étymologie et l'orthographe du nom de notre commune sans s'appuyer sur aucune certitude.

Géologie

Une étude sommaire du terrain de Montaigu nous apprend que c'est un terrain de sédiment appartenant au groupe dit supérieur, ou tertiaire, lequel se divise lui-même en trois étages, mais d'après les roches qui le composent et les fossiles qu'on y rencontre, on peut en déduire avec certitude qu'il appartient au tertiaire moyen dit oligocène, caractérisé par des dépôts de sables et de grés, des calcaires d'eau douce, des argiles et des dépôts de coquilles marines connus sous le nom de faluns.

Les fossiles qui appartiennent à ce second étage, c'est-à-dire à l'époque aquitanienne, sont remarquables. Ils abondent dans nos carrières de pierre à chaux, soit aux Garennes, au Vendant ou à Poncenat, et les ouvriers qui les exploitent en retirent un certain profit en les vendant aux musées des grandes villes de France et de l'étranger.

Nous ne pouvons nous empêcher de regretter que tant de richesses disparaissent du pays quand il serait possible d'installer un musée de paléontologie des plus intéressants et des plus instructifs pour la jeunesse des écoles.

Milne-Edwards, un savant naturaliste, professeur au Muséum, qui a étudié particulièrement les fossiles de la carrière du Merle, près Montaigu, et qui résida quelque temps dans le pays à cette intention, en a rempli toute une galerie du Muséum. On y trouve 9 échantillons de squelettes de mammifères dont l'un, une espèce de loutre (Luctritis Valetoni), paraît avoir été très abondant ; puis le Drenotherium Feignoux, espèce de porc ou sanglier ; des petits rongeurs, etc..

Il y a également 9 échantillons d'oiseaux. L'un d'eux, le Palœlodus ambiguus mesurait 0 m. 60 de hauteur totale ; il était voisin des flamants, très abondant à Montaigu, ainsi que l'Anas Blanchardi.

La faune de cette époque indique que toute une population de ruminants et d'oiseaux, infiniment variée, habitait les bords des lacset des lagunes qui existaient alors. « Elle avait une physionomie africaine des plus frappantes puisqu'elle rappelle celle qui vit actuellement sur les bords de certains lacs de l'Afrique centrale,dont Livingstone et Stanley ont tracé de si intéressants tableaux. » (A. Milne-Edwards).

Cette citation montre donc que le climat, la faune et la flore de notre pays étaient les mêmes que ceux des pays tropicaux actuels.

Comme roches, la plus répandue est le calcaire à helix et cypris, et le calcaire à phryganes, au milieu desquels se sont formés, mais en petite quantité : de l'opale,ou silice hydratée,du quartz-feldspath, du quartz opaque,de l'opale opaque,de l'argile lithomarge, caractéristique des dépôts tertiaires lacustres ; de la marne craquelée à excès de calcaire, de la marnolithe géodique, etc. (Stanislas Meunier).

L'exploitation de ces roches comme pierre à chaux et à bâtir est aujourd'hui une industrie importante dont nous reparlerons plus loin.

Pour ce qui concerne l'étude du terrain, il y a à envisager sa composition chimique afin de juger de son degré de fertilité. Or, le terrain de Montaigu a le privilège de renfermer, dans une assez bonne proportion, les 4 éléments nécessaires à la nourriture des plantes : azote, potasse, acide phosphorique et chaux.

Les différentes analyses qui suivent le prouvent :

Terre des Blanchards :

Acide phosphorique, 0,92 p. 1000 ; potasse, 2 p. 1000 ; azote, 3,42 p. 1000.

Terre du Cinquin :

Acidè phosphorique, 1,4 p. 1000 ; potasse, 7,1 p. 1000 ; azote, 2 p. 1000 ; chaux, 22,6 p. 100.

Terre du Vieux-Château :

Acide phosphorique, 2,77p. 1000 ; azote, 2,37 p. 1000 ; (la potasse n'a pas été dosée).

Terre des Communes :

Acide phosphorique, 0,34 p. 1000 ; azote, 1,59 p. 1000.

Nous voyons par ces analyses que l'azote est, en général, en quantité suffisante, la chaux également, mais que l'acide phosphorique est en proportion inférieure, surtout aux Communes et aux Blanchards.

C'est pourquoi les agriculteurs y suppléent aujourd'hui, en y ajoutant des engrais phosphatés.

Origine de Montaigu-le-Blin - La Seigneurie - Jacques de Chabannes - Episode de la Fronde - Droits seigneuriaux.

Sous la féodalité, la commune n'existait pas, le seigneur dominait tous les habitants d'alentour, et ceux-ci se réfugiaient au château quand il y avait une attaque d'un seigneur voisin.

C'est dans cet état que nous trouvons Montaigu lorsqu'il a pu nous être permis d'avoir des renseignements un peu précis sur son histoire.

Depuis le XIIIe siècle, nous trouvons, à Montaigu, une famille chevaleresque de Bleyn, depuis longtemps sans doute possesseur de notre fief, et qui avait pour vassaux les sires de Villars, de Vesset, du Méage, de Poncenat, de Valençon, etc..

A cette époque, Montaigu se trouvait dans les mains du roi de France, en vertu de titres que nous ignorons, mais dont le plus certain est celui par lequel le roi Philippe le Bel en fit la vente, en 1295, à Guillaume Aycelin, fils de Pierre et de dame Flotte.

Guillaume Aycelin était venu d'Auvergne se fixer en Bourbonnais, à la suite de son mariage avec Alix du Breuil, qui mourut en 1300, et dont le tombeau existe encore en la vieille église du Breuil. D'après dom Béthencourt, le fief de Montaigu s'étendait sur les paroisses de Montaigu, Montoldre, Cindré, St-Gérand et Rongères. Ses principaux vassaux étaient : Guy de Boucé, Aymon de Sorbier, Jean de Villard, etc..

Guillaume mourut en 1325, laissant huit fils et plusieurs filles. Le fief de Montaigu échut à Guillaume, qui passa de vie à trépas en 1356, ne laissant qu'un fils, Jean de Montaigu, encore mineur, sous la tutelle de son oncle, Robert de Chaluz.

A cette époque, le Bourbonnais, la Basse Auvergne, le Forez, furent envahis par des bandes anglo-saxonnes « qui ardaient tout chevauchant à leur ayse, et trouvant le pays moult gras et rempli de bonnes choses », dit le chroniqueur Froissard.

Ici nous ouvrons une parenthèse pour donner connaissance d'une autre filiation des ascendants de Jean de Montaigu (15e excursion de la Société d'Emulation, Dr de Brinon), différant sensiblement de la précédente.

En 1245, Guillaume I, seigneur de Montaigu-le-Blin, en la châtellenie de Billy et de Palluet, près St-Pourçain-sur-Sioule, fit hommage de son fief à Guy de Dampierre. Son petit-fils, Roger de Montaigu-le-Blin, fils d'Etienne, est désigné sous le nom de seigneur de Montaigu-le-Blin et du Moulin-Neuf, aujourd'hui commune de Châtel-de-Neuvre. Il rendit foi et hommage au sire de Bourbon en 1301, pour sa seigneurie de Montaigu. Cinq chevaliers et dix-neuf damoiseaux relevaient de lui.

Les descendants de Roger furent son fils, Guillaume II, époux de Catherine de Châtelperron ; Jean I, fils de Guillaume II, époux de Jeanne de Vichy. Ce dernier eut trois fils; l'aîné, Jean II, resta à Montaigu et épousa Béatrix de Châteaumorand. Ce Jean II serait le même que nous venons de trouver en 1356, sous la tutelle de Robert de Chaluz, avec cette différence que le Dr de Brinon le fait vivre à une date bien postérieure.

Cependant nous serions assez tenté de croire que les sires de Montaigu avaient des possessions ailleurs, et ce qui le prouverait est un acte existant dans les Archives de Gayette ainsi conçu :

H. 113 « Devant Géraud Pradier, prêtre, notaire juré de la prévôté de Palluet, Hugues Palhous et sa femme Agnès, tous les deux de la paroisse de Montaigu-le-Blin, abandonnent à Jean Prévost, frère de la dite Agnès, tous les biens meubles et immeubles paternels, maternels et fraternels, et toutes choses quelconques qu'ils pouvaient revendiquer contre lui moyennant 75 sous tournois.

Présents : Hugues Brossar et Etienne Gras, de Montaigu, Jean Cordier, de St-Gérand-le-Puy. 1er mai 1358. »

L'acte ci-dessus prouverait bien qu'à cette époque il existait des relations entre Montaigu et Palluet, occasionnées par la réunion des deux fiefs dans les mêmes mains.

Nous voyons aussi, plus tard, un Guichard de Montaigu, prieur du monastère de St-Pourçain, qui fut excommunié par Hugues de Fétigny, abbé de Tournus, le 4 août 1462. Peut-être est-ce celui dont il sera parlé plus tard, en réservant toutefois les erreurs de dates ?

Mais revenons à Jean de Montaigu, que nous avons laissé sous la tutelle de Robert de Chaluz, lequel fit appel à son suzerain, le duc de Bourbon, pour défendre le pays contre les bandes qui le ravageaient. Le duc de Bourbon, pensant qu' « un chastel si bien appareillé serait bien fort et de bonne garde, et profitable à la défense du pays », ordonna de faire une levée pour sa défense, et si Saint-Gérand et Cusset tombèrent aux mains des Anglais, rien ne nous autorise à penser qu'il en fût de même de Montaigu.

Voici la décision qui fut prise par Galahaut de Lulhy, gouverneur du Bourbonnais :

« Galahaut de Lulhy, chevalier, gouverneur dou balhiage de Bourbonnais, à touz les capitaines chastellains et justiciers de mon très cher et redoubté seignour monseigneur le duc de Bourbonnois, salut. De par noble homme messire Robart de Chaluz, chevalier, gardeur de Jehan, fil monseigneur Guillaume, jadis seigneur de Montagu-le-Blain, meneur d'eage, nous a esté donné entendre qu'il a moult despendu à enfourcer le chasteaul dudit lieu de Montagu la plus grant partie des biens et revenues appartenant ou chastel du temps passé, pour la réparation et garde d'icellui, pour résister à la pouyssance des ennemis du reaulme de France, et que la repparation et garde dudit chastel est si grant que il ne pourroit accomplir ladite repparation dudit chastel ne le fera garder seurement des biens doudit meneur, et que il seroit grant perris ou païs se ledit chasteaul n'estoit apparelhiez et gardez, et que se pour aucune aventure il avenoit, que jà ne soit, que ledit chastel fust pris des ennemis, ce seroit grant préjudice et perris ou païs, quar il est clos et fermetez en partie en celle marche où il est; et en oultre nous a donné entendre que ledit chastel et toute la terre que ledit meneur sires de Montagu a à présent en Bourbonnais, est nuement tenue sens moien de mondit seigneur, et que ledit chastel est jurable et rendable de mondit seigneur et que il ne pourroit apparelher ne gardes ledit chastel sans l'aide de ses hommes justiciables, tailhables, feaulz et censivers ; si nous a supplié et requis à grant instance ledit gardeur que sur ce le voulussions pourveoir de remède convenable et li prester aide et conffort et fere prester, comment ladite repparation et garde se pehust acomplir et maintenir. Et sur ce, nous oye ladicte requeste et supplication et nos fumes enformé par les sages estanz en la court lesdites choses estre verais et que ldit chastel, si bien (estoit) apparelhié, seroit bien fort et de bonne garde et proffitable à la tuycion dou païs, et que se il était pris des ennemis, il seroit moult prejudiciable à tout le païs. Pour ce est-il que nous avons octroié et octroions audit gardeur ; à l'aide de ladite reparation et garde, l'aide de touz les diz hommes doudit meneur que il les puisse contraindre à l'aide et garde de ladide reparation et faire faire le gait de nuyt oudit chastel. Si mandons de par mondit seigneur à vous capitaynes chastellains et justiciers dessus diz que à faire lesdites choses prestez confort et aide audit gardeur, si mestiers li est, ou autre pour soi, pour contraindre les diz hommes à faire lsdites choses, et, si mestiers estoit, à prendre vivres sur lesdiz hommes pour mettre audit chasteaul pour la tuycion doudit chastel, des diz hommes et dou païs ; et ne prenez nulz vivres sur les diz hommes pour mettre ès chasteaulx et villes de mondit seigneur, ne les contraignez ne fetes contraindre, ne souffrez estre contrainz à contribuer à la réparation et garde des villes et chasteaulx de mondit seigneur, ne faire gait, ains se aucunes chose a esté levé ou pris sur lesdiz hommes ou sur aucuns d'iceulx, pour les causes dessus dites ou pour aucunes d'icelles, si le rendés ou fites rendre et mettre par devers ledit gardeur affin de la convertir à ladittc repparation et garde, et affin d'eschiver lesdiz perris ; et fetes les choses dessus dites nonobstant toutes lettres empetrées oû à empetrer au contraire, affin que ledit gardeur n'ait cause de plus retourner par devers mondit seigneur ne devers nous. Et se ledit gardeur, ou autre pour soi, vous requiert un ou plusieurs des sergens de mondit seigneur pour contraindre lesdiz hommes a fere lesdites choses, si les li baihlés à ses propres despens. Auquel gardeur nous mandons de par mondit seigneur que ce qu'il aura heu ou aura desdiz hommes, pour les causes dessus dites, mette et applique, ou fasse mettre et appliquer et convertir à ladite repparation et garde le plus tost et le plus convenablement que il pourra, affin que pour le deffaut desdites choses perris ne puisse avenir ou païs. Et desdites choses fere nous vous donnons plein pouvoir et especial commandement, et a chescun de vous pour soi, et audit gardeur ou autre pour soi, et es sergens et a chescun pour soi qui sur ce seront députés par vous, et à chescun pour soi, selon que à vous et audit gardeur et sergens appartient et appartiendra, selon la fourme dessus dite ; mandons et commandons à tous les subjez de mondit seigneur, prions et requerons tous autres que en ce faisant vous obeïssent, et à chescun de vous, et audit gardeur ou autre pour soi, et à chescun desdiz serganz pour soi et pour le tout. Donné soubs nostre scel, à Molins, tenans nos assises, le XXIIe jour de oing, l'an mil trois cent cinquante six, Lulhy. »

(Archives nationales ; Titres de la maison ducale de Bourbon, P. 1355, cote 35.)

C'est donc de 1356-57 que datent probablement la construction des hautes et épaisses murailles de l'enceinte, et des tours d'angle.

Voici la description de ce que devait être le château à cette époque :

Placé au sommet d'une butte calcaire, son système de défense se composait d'une vaste enceinte circulaire flanquée de deux grosses tours rondes et de trois plus petites. Dans cette enceinte se trouvaient les écuries et dépendances, les logements de la garnison, les prisons etc. Tout au centre est le donjon, aussi de forme circulaire, défendu par neuf tours rondes. On accédait de la place d'armes au donjon par une rampe assez abrupte qui conduisait à une pont-levis fermant l'entrée. On s'aperçoit de suite que la construction féodale a profondément été modifiée à l'époque de la Renaissance, époque qui nous a laissé de gracieuses portes, de larges fenêtres à meneaux timbrés aux armes des Chabannes. C'est de l'époque de Jacques I de Chabannes que date le corps de logis sis à gauche du pont-levis, partie du château la mieux conservée, grâce à la toiture qui existe encore, et dans laquelle se voit encore le lion des Chabannes, sculpté sur deux modillons.

Jean de Montaigu, après son mariage avec Béatrix de Châteaumorand, alla habiter St Aubin-sur-Loire, en Bourgogne, où il mourut en 1408, laissant un fils, Guichard, celui que nous supposons avoir été excommunié, qui vendit Montaigu à Jacques de Chabannes en 1430. Celui-ci fit faire immédiatement d'importantes réparations au château et y fixa sa demeure. C'est là, loin des routes suivies, qu'il mettait à l'abri des surprises, et ses prisonniers, et sa famille.

C'est ainsi qu'après le combat de Nolay, en Bourgogne, y fut enfermé avec ses compagnons d'armes, Jehan de Granson, seigneur de Pesmes, gentilhomme bourguignon dont s'était emparé le frère de Jacques I, Antoine de Chabannes, comte de Dammartin. C'était une prise importante, et pour l'assurer, nous voyons le duc de Bourbon prêter à Jacques de Chabannes « plusieurs personnes pour faire guet et garde en son chastel et plasse forte de Montaigu-le-Blayn ».

La paix ayant été signée entre les ducs de Bourbon et de Bourgogne, Jean de Pesmes fut remis en liberté. Il paraît même qu'il avait été assez sévèrement traité, car, lors de sa mise en liberté, il prévint Chabannes qu'il se vengerait de ce qu'il appelait une violation des lois de l'honneur. En effet, au printemps 1443, ayant réuni quelques hommes d'armes, et bien que l'on fût en plein paix, il s'empara par surprise de Montaigu, y pilla pour plus de 30.000 livres de meubles, et chose plus grave, en se retirant, il emmena comme prisonnier le jeune Geoffroy, fils de Jacques, âgé de dix ans, prévenant sa famille qu'il ne le restituerait que contre le paiement d'une rançon égale à celle qu'il avait dû payer deux ans avant.

Grâce à l'intervention d'Isabeau de Portugal, duchesse de Bourgogne et contrairement aux habitudes de l'époque, tout se termina sans effusion de sang. Le jeune Chabannes, remis aux mains du duc de Bourgogne, fut rendu à son père le 9 mai 1443.

Cependant Guichard de Montaigu, l'ancien seigneur de notre fief, était mort sans avoir été, par Jacques I[e] de Chabannes, payé du prix convenu, et, après de vaines réclamations, ses deux fils, Jean et Jacques de Montaigu, résolurent de reprendre de vive force leur ancien domaine. Profitant donc d'une absence de Jacques de Chabannes en 1449, ils vinrent à Montaigu avec nombre de jeunes gentilshommes, enlevèrent le château par surprise et en chassèrent Anne de Lavieu, la femme de Jacques, avec toute sa suite. Immédiatement prévenu, Jacques de Chabannes revint en toute hâte mettre le siège devant sa propre demeure, et après plusieurs escarmouches meurtrières, les Bleyn, ne se voyant pas en force, demandèrent à se remettre aux mains du duc de Bourbon qui les fit conduire dans les prisons de St-Pierre-le-Moûtier ; ils y restèrent jusqu'en avril 1451 ; par lettres royaulx donnés à Montbazon, Charles VII les fit relâcher et leur accorda rémission.

« Charles... savoir faisons nous avoir receu humble supplication de Jehan et Jacques de Montaigu, jeunes écuyers frères, aagés, c'est assavoir ledit Jehan de vingt ans, et ledit Jacques de quinze ou environ, enfants de feu Guichard de Montagu, en son vivant chevalier, contenant que de toute ancienneté, leurs prédécesseurs ont toujours été seigneurs du chastel de Montagu-le-Bleyn au pays de Bourbonnois, duquel ils portent le nom et les armes, et que ledit feu Guichard, leur père, était en son vivant homme de petit gouvernement, pour laquelle cause notre asmé et féal conseiller et grand maître de notre hostel, Jacques de Chabannes, fist jà pieçà tant par subtilzs moyens et coteleux qu'icelui de Guichard lui vendit ledit chastel, terre et seigneurie de Montaigu pour certain pris et somme de deniers qui n'a pas esté païée du tout, laquelle vendition venue à la notice desdits suppliants déplaisans d'icelle pour ce que iccelui chastel était et devait être l'héritage d'eux et de leurs successeurs, véans ledict Jacques de Chabannes,posssesseur d'iccelui chasteau,considérans que veu le grant part qu'il avait lors au pays, ils ne le pourraient recouvrer sinon par emblée, delibérérent entre eux de ce faire.

Et pour exécuter leur dicte delibération, alièrent avec eux Jehan Baptiste, bastard de Loras, Guillaume de Jaretz, Etienne Marquez, Pierre Chevrier, Jehan et Mathias Duyno, Pierre Chevalier et Guillaume de Montsuin ; et cing jour de karesme,l'an mil CCCCXLIX lesdits supplians et les dessus dicts avec eux, se partirent du lieu et chasteau de la Faye de Brion, (près Semur en Brionnais) appartenant en domaine à la mère d'iceulx suppliants, et vindrent au lieu de Mouceaulx, près ledit chastel de Montaigu (Le Mousseau commune de Rongères) auquel lieu les dits Jacques de Montaigu et autres demourèrent, et ledit Jehan suppliant et Mathias Duyno s'en allèrent audit chasteau de Montagu et entrèrent dedans et parlèrent à notre chière et bien-aimée Anne de Fougerolles,femme de Jacques de Chabannes notre conseiller, et lui dirent ladicte entreprise et tantôt après iccelui même jour vinrent à l'ays dudict chastel le dict Jacques de Montagu et autres dessus nommés et vindrent entrer dedans, laquelle entrée le portier leur refusa et sur ce, survindrent lesdictz Jehan suppliant, et Mathias, lesquels lui ostèrent les clefs, à quoi ledict portier cuida résister et adonc icelui Jehan le frappa d'une dague qu'il avait jusques à grande effusion de sang, et ce pendant ledict Mathias, qui avait pris les clefs, ouvrint l'uys. Et pour ce que ledit bastard de Loras vit par dessus une faulse porte de vieil bois qui était devant la porte dudict chastel que ledit portier tenait icelui Jehan suppliant, frappa icelui portier de son espée sur la tête, et lors tous les dessus nommés qui estaient dehors entrèrent dedans ledict chastel, et s'en allèrent vers ladite Anne de Fougerolles, laquelle ils misdrent dehors dudict chastel, ensemble les demoiselles et femmmes qu'elle avait avec elle, sans leur faire aucune vilenie ni desplaisir, et aussi en misdrent dehors ung chapelain et ledict portier lequel Jehan suppliant donna d'une espée sur l'épaule et le navra bien fort, et, quand ils furent seuls audict chastel, ledict bastard de Loras print deux tasses d'argent, pesant quatre marcs ou environ appartenant audict Jacques de Chabannes, lesquelles furent transportées hors dudict chastel, et tantôt après iccelui Jacques de Chabannes qui sceut ladite prinse, assembla grand nombre de gens tant gentilshommes que autres et mist le siège devant ladicte place en soy efforçant chaque jour de prendre d'assault lesdicts suppliants et leur compagnie et les menaçant de les faire morir. Pour laquelle cause iceulx suppliants et autres dessus dicts avisèrent de eulx défendre et avint que durant ledit siègé Jean-Batiste frappa un pionnier nommé Tassin du traict d'une grosse arbalète tellement qu'il le tua, et pour ce lesdictz suppliants déplaisans dudict cas furent meus de eulx rendre, et, de faict, se rendirent à la merci de notre tres chier et aimé cousin le duc de Bourbonnois et d'Auvergne, et sur ce furent faiz certains appointements moyennant lesquels ils baillèrent ladicte place ès mains dudit Jacques de Chabannes, notre conseiller, avec tous ses biens, excepté les deux tasses dessus dictes et certaine quantité d'artillerie, qu'ils avaient emploiez à eulz défendre : pour occasion desquelz cas lesdits suppliants et iceulx de leur compaignie furent prins et mis en prison à Saint-Pierre-le-Moustier, où ils furent par longtemps en grande povreté et misère, et jusques à ce que notre très-chier et très-amé frère le roi de Sicile passa par ladicte ville de Saint-Pierre-leMoustier et les délivra.

Mais néantmoins se doubtent lesditz suppliants que on veuille au temps à venir procéder contre eux par punition corporelle rigoreusement ou autrement pour raison desdicts cas, sinon qu'ils en ayent nos lettres de rémission, si, comme ils nous ont fait dire... Pourquoi nous à eulx requérant humblement accordons rémission complète.

Donné à Montbazon au mois d'apvril l'an de grâce mil CCCC cinquante et ung avant Pasques. (Bibliothèque de Clermont n° 96).

Jacques Ier de Chabannes, grand maître de France, fut l'héroïque compagnon d'armes de la Pucelle sous les murs d'Orléans et l'un des personnages les plus remarquables de notre histoire locale.

Originaire du Limousin, il était fils de Robert de Chabannes et d'Alix de Bort.

En 1423, il est à la bataille de Cravant, dans l'Yonne. Devenu sénéchal du duc de Bourbon en 1428, il est au siège d'Orléans l'année suivante avec Jeanne d'Arc, et à Compiègne où il contribua à faire lever le siège par les Anglais.

En 1436, Jacques de Chabannes s'empare de la ville et du château de Corbeil ; du château et du bois de Vincennes qui lui furent donnés par Charles VII.

En 1440, il entre dans la coalition formée par les princes et le dauphin contre le roi. Le dauphin le nomme son chambellan, et le duc de Bourbon l'institue capitaine du château de

Chantelle. Par contre, il est destitué le 28 mars 1440 de la charge de sénéchal de Toulouse pour avoir pris part à la Praguerie.

En 1449, il était à la prise d'Harfleur, en Normandie, où il fut grièvement blessé, et en 1452, il eût la délicate mission de faire mettre la ville de Lyon en état de défense contre les entreprises possibles du duc de Savoie.

La campagne de Guyenne fut l'apogée de sa gloire militaire, et la victoire de Castillon son œuvre. Le 15 octobre 1453, après avoir fait son testament, il mourut de la peste, ayant demandé à être enterré dans le couvent des Cordeliers de Ryons, dans la Gironde.

Vers 1461, par les soins d'Anne de Lavieu et de Geoffroy de Chabannes, son fils aîné, son corps fût transporté dans la chapelle du château de La Palice

Il eût pour successeurs son fils Geoffroy, puis son petit-fils, Jacques II, le fameux maréchal de La Palice, tué à Pavie, le 24 février 1525, et Charles, fils de ce dernier, tué devant Metz en 1553, ne laissant de Catherine de La Rochefoucault, sa femme, qu'une fille, Eléonore, qui épousa en premières noces, 10 avril 1564, Just de Tournon, et en 1571 se remaria avec Philibert de la Guiche Saint-Gérand, grand maître de l'artillerie.

Montaigu passa donc aux la Guiche par suite de ce mariage, mais quand, en 1595, Eléonore mourut, elle détacha Montaigu de l'héritage des filles qu'elle avait eues de Just de Tournon, et en fit un legs particulier en faveur de son second mari.

Philibert de la Guiche se remaria avec Antoinette de Daillon de Lude et en eut deux filles, Henriette et Anne, qui toutes deux, successivement, possédèrent Montaigu-le-Blin.

La première, en 1624 porta Montaigu à Jacques de Matignon, prince de Mortagne et comte de Thorigny, l'un des plus brillants seigneurs de la cour de Louis XIII — il habita quelque temps à Montaigu en 1625 — mais son époux ayant été tué en duel l'année suivante par le comte de Boutteville, elle se remaria le 8 février 1629 avec Louis-Emmanuel de Valois, duc d'Angoulême et comte d'Alais, colonel général de la cavalerie légère de France. Il était fils de Charles de Valois, comte d'Auvergne, fils naturel de Charles IX et de Marie Touchet, et de demoiselle Charlotte de Montmorency, fille de Henri 1er, connétable de France. Né à Clermont-Ferrand en 1596, il mourut en 1653.

C'est pendant la possession de Louis-Emmanuel de Valois que se passa l'épisode de la Fronde dont la Gazette de France de l'époque a donné le récit que nous allons reproduire. L'entreprise contre le château avait été suscitée par les Frondeurs, ou plutôt par la princesse de Condé qui était alors l'âme de la résistance contre le cardinal Mazarin et contre la Cour. Après avoir essayé de gagner à sa cause le gouverneur du Bourbonnais la Guiche, mais sans succès, elle chargea l'un de ses fidèles, le baron de Queulle, de s'emparer de Montaigu, qui était une place importante, pour en faire un centre d'action au profit du parti des princes.

« L'invasion faite du chasteau de Montégut-le-Blin appartenant au duc d'Engoulesme, dans le Bourbonnais avec sa reprise.

« Le Baron de Quelle, étranger qui s'était depuis peu établi dans le Bourbonnais, ayant pris grande habitude avec le capitaine qui commandait dans le chasteau de Montégut-le-Blin, appartenant au duc d'Angoulême, au moyen de laquelle il entrait comme il voulait dans la place, même en l'absence de ce capitaine, chacun le reconnaissant pour son intime ami, forma le dessein de s'en emparer sur la facilité que cette liberté lui en donnait. Et de fait, ayant épié l'occasion que ce capitaine était absent, il s'y en alla, et la porte du château lui étant ouverte comme à l'ordinaire, il y fit entrer des soldats avec d'autres personnes qui le suivaient exprès, et en chassa tous ceux qui étaient dedans. Mais ce château étant une place forte par son assiette sur un rocher escarpé de plus de quarante toises de hauteur, avec une double enceinte de murailles et des tours, le château faisant le donjon, duquel les avenues et l'abord sont fortifiés de deux petits boulevards dans la plaine ; outre lesquels avantages, il est limitrophe des deux provinces d'Auvergne et de Forez, sur la frontière du Bourbonnois, et situé entre les rivières de Loire et d'Allier, en sorte que celui qui s'en était emparé pouvait par ce moyen assujettir à contribution tout le pays jusques à Lapalisse et Roanne, du côté de Forez, et jusques à Cusset du côté d'Auvergne, cette conséquence obligea tout le voisinage à l'en faire sortir promptement, comme vous le verrez par le procès-verbal suivant aux mêmes termes qu'il m'a été envoyé et duquel j'ai eu ordre de vous faire part, point que j'ai cru nécessaire de rendre compte au public de ce qui se passait en cette province-là.

« Ce jourd'hui vingt-deux jour de septembre 1651, nous Jean-François Lomet, écuyer, seigneur de Culliat, conseiller du Roi, lieutenant général en la prévôté de la généralité de Moulins et faisant seul fonction de prévôt général en ladite généralité, nous, étant saisi de l'ordonnance de monsieur le lieutenant général en la sénéchaussée et siège présidial de Bourbonnois, signé de lui le jour d'hier et adressée à Nicolas Flanchard, notre exempt, pour investir avec nos archers, assistés des communes et de la noblesse du voisinage, le château de Montégu-le-Blin, appartenant à M. le Duc d'Angoulême, surpris par l'intelligence du sieur baron de Queulle avec d'autres personnes inconnues, par ordre exprès dudit sieur de Queulle, étranger depuis peu d'années habitant en cette province, ladite surprise non à autre fin et intention que de faire des courses et captures sur les principaux sujets de S. M., et le sommer de par le Roi de rendre ladite place à celui qui en avoit la garde pour ledit seigneur Duc d'Angoulême et le soumettre au service de S. M. ; nous, assisté de nos dits exempts et archers, sommes transporté de ladite ville de Moulins proche le château dudit Montaigu, jà investi pour la diligence et bon zèle pour le service du Roi de M. le baron de Poncenat, assisté des sieurs de Saint-Bonnet, Martillière, Beaumont, Créchy et Tillat de Sanssat, gentilhommes du voisinage, du sieur de la Roche, capitaine du château de la Palisse, appartenant à M. le comte de St-Geran, gouverneur de la province, avec la milice des paroisses dépendantes de ladite seigneurie de Montégu, châtellenie et ville de Billy et justice royale de Varennes, où nous aurions trouvé le sieur président Doultre, de ladite châtellenie de Billy, et le sieur Burelle, juge ordinaire en la ville et justice royale de Varennes, assisté de Gilbert Billard, sieur de la Presle, capitaine au dit Varennes et commandant la milice de ladite châtellenie de Varennes, comme aussi de Charles Devos, sieur du Poufeu, lieutenant en la vice-sénéchaussée de Bourbonnais, en résidence de la ville de Gannat, assisté de ses archers ; lesquels sieurs Doultre et Burelle nous ont dit avoir reçu pareille ordonnance que nous dudit sieur lieutenant général, et suivant icelle, assemblé et uni lesdites milices et travaillé de tout leur pouvoir à investir ledit château sous la conduite dudit sieur baron de Poncenat.

« Sommé et interpellé par trois diverses fois, de temps à autre, ledit baron de la Queulle, actuellement saisi et emparé dudit château, de le remettre entre leurs mains pour en donner la garde à celui qui l'avoit auparavant sa surprise, et ce faisant obéirait au Roi, faute de quoi il demeureroit chargé du crime de lèse-majesté et puni comme tel du dernier supplice ; lequel auroit fait réponse, à la première et seconde sommation, qu'il étoit bon serviteur du Roi et tenoit ladite place par le bon ordre qu'il en avoit du sieur marquis de Lévy, lieutenant du Roi au gouvernement desdites provinces, et qu'il ne rendroit jamais ladite place qu'il n'eût vu un ordre contraire venant de Sa Majesté. Et en après disoit que s'il voyait en tête ledit sieur de Saint-Geran, gouverneur, étant avec ledit sieur lieutenant général, il leur rendroit ladite place, mais qu'il se défiait absolument dudit sieur baron de Poncenat et autres gentilhommes de sa compagnie sus-nommés, les qualifiant ennemis du Roi, et du parti contraire. Et à la troisième sommation, aurait refusé entièrement de délivrer ladite place, disant que l'on eût à se retirer, quoique à haute voix lecture lui ait été faite de ladite ordonnance et que ledit sieur lieutenant général fût en ce rencontre, attendu l'absence desdits seigneurs de Saint-Geran et de Lévy, gouverneur de la province, aux ordonnances desquelles il devoit obéir. A quoi pareillement il n'a voulu entendre : et au même instant disant : Retirez-vous, je vous ferai bonne guerre et ne suis point prêt à me rendre, fit lâcher deux pièces de couleuvrines, braquées sur la terrasse, et quantité de coups de mousquets.

« Et lesdites troupes départies en divers corps de garde, aucuns desdits soldats ayant fait un trou à la muraille de la basse-cour, ils seroient entrés, et nonobstant l'opposition et défense de dedans, auroient ouvert la porte de ladite basse-cour, et le reste desdites troupes, de grande vitesse, à la course, à la merci des coups de fusils et de mousquets qu'ils tiroient incessamment sur eux, se seroient logés dans ladite cour et pris des postes fort avantageux, non sans la perte du sieur du Peron, châtelain dudit sieur de Poncenat, du nommé Malvin et autres soldats. Et les assiégeants s'étant disposés à mettre le feu au pont, il y auroit eu diverses escarmouches l'espace de trois ou quatre heures.

« Et ce voyant, ledit sieur baron de la Queulle, pressé de toutes parts, surtout d'un endroit où l'on avoit fait un trou à une casemate pour entrer dans le château, auroit demandé trêve d'armes, et en après s'il auroit sûreté en rendant ladite place ; laquelle sûreté lui ayant été promise pourvu qu'il se rangeât librement à son devoir, après que lecture lui a été faite derechef de ladite ordonnance par nous intelligiblement et à haute voix, et diverses irrésolutions, enfin auroit donné parole de remettre ladite place audit sieur Doultre et à dix soldats de Billy et de Varennes. Et pour traiter de la reddition d'icelle, auroit proposé de rédiger des articles et demandé une heure de temps, lequel lui auroit été octroyé.

« Et pendant qu'il vaquoit à la composition desdits articles, aucuns soldats de ses adhérents, notamment le nommé Jean de Laire, autrement le Rap, qui étoit en sentinelle en une guérite proche la porte, exhorté par ledit sieur Lomet d'ouvrir la porte dudit château et baisser le pont pendant que ledit sieur de la Queulle, son commandant, étoit occupé à faire lesdits articles, et que le faisant il feroit un signalé service à S. M. et audit seigneur duc d'Angoulême, à qui appartenoit ladite place, et que par cette voie il seroit digne de récompense et échapperoit la justice qui ne l'épargneroit pas en ce rencontre. Quoi ouï, s'étant assuré de la parole dudit sieur Lomet qu'en ce faisant il demeureroit en sauveté, lui auroit promis à basse voix, de peur d'être entendu dudit sieur de la Queulle, qu'il ouvriroit les portes et baisseroit le pont dudit chateau, et que cependant on divertit ledit sieur de la Queulle qui s'en alloit sur la terrasse pour troiter la composition, suivant les articles qu'il avoit donnés par la fente dudit pont. De fait, que ledit sieur de la Queulle étant arrivé sur ladite terrasse, ledit sieur Doultre, avec ledit sieur de la Roche seroient allés à l'endroit de ladite terrasse et discourant avec lui des points de ses articles, ledit de Laire avec autres de ses camarades auroient fait ouverture desdites porte et pont. La plupart des assiégeants s'étant emparés dudit château, seraient accourus à ladite terrasse pour se saisir dudit sieur de la Queulle, lequel les ayant aperçus et se mettant en défense de ses réponses avec armes, auroit été tué tenant en sa main un mousqueton, par aucuns desdits assiégeants, à coups de pistolets et d'épées. Duquel corps nous nous sommes saisis, comme aussi de François Bobat, son valet ordinaire, pour leur être fait et parfait le procès.

« Et au regard dudit de Laire, et de deux autres de ses camarades, le nommé Roussel, dit la Rivière, natif de Vernumbourg, au pays de Normandie, et l'autre Jean Batet, nous les avons mis en liberté, d'autant qu'ils ont assisté ledit de Laire à l'ouverture de ladite porte et baisser ledit pont, étant préposés comme ledit de Laire à la garde desdits porte et pont. Et pour les autres de la suite dudit sieur de la Queulle, étant inconnus, se sont évadés parmi la foule.

« Dont et de ce que dessus nous avons fait information, déplacé ledit corps et ledit Bobat, valet, pour en faire la conduite en la conciergerie de Moulins, et dressé le présent procès-verbal, lequel a été attesté par ledit seigneur baron de Poncenat ; sieur Doultre ; Burelle ; Devos ; Planchard, exempt ; François Bergeron, et le sieur des Roches, capitaine dudit château, entre les mains duquel il a été remis, conformément à ladite ordonnance, pour y veiller et soigner avec toute diligence et s'assister des justiciables de ladite seigneurie. Et ai délaissé ledit sieur président Doultre pour faire et dresser procès-verbal de l'état de la place et faire inventaire de tous les meubles qui sont dans ledit château, et en dresser pareillement l'état auquel ils se trouveront.

« Signé : Lomet ; Poncenat ; Saint-Bonnet ; Burelle ; de la Geneste ; Martillères ; Beaulmont ; Créchy ; Tilliat ; Doultre ; Bergeron ; Prost ; Devos, et Fromental, greffier ». Signé : Lomet de Culliat et Fromental, comme greffier ».

(Extraordinaire de la *Gazette de France* de 1651).

Le récit que nous venons de reproduire montre bien que le château n'était pas habité par ceux qui le possédaient. Ils étaient représentés par un capitaine qui habitait dans les dépendances. Il percevait les droits féodaux et rendait la justice

En 1652, c'est Bergeron, que nous voyons figurer parmi les signataires du procès-verbal de la reprise du château l'année précédente. En cette qualité, il reçut l'hommage de François Devaulx suivant acte ci-après qui montre quels étaient à cette époque les droits des seigneurs et les obligations des tenanciers.

« Aujourd'hui dix-huitième janvier mil six cent cinquante deux, par devant Jehan Thomasset, notaire royal au pays de Bourbonnois demeurant en la paroisse de Ciernat a comparu Mᵉ Claude Devaulx, sʳ des Thévenets au devant de la grande et principale porte du château de Montaigu-le-Blin, lequel Devaulx, en présence de François Bergeron, écuyer, sʳ des Maillards, capitaine du château de Montaigu, nous a exposé que par contrat du dixième novembre mil six cent cinquante, il a acquis de Mᵒ Antoine Esbrard le lieu et domaine de la Grêle et des Mallards comme aussi les devoirs de cens, taille, acquis par ledit Esbrard dûs par ledit domaine et d'argent taille vingt-quatre sous dix deniers, trente quatre coupes froment, treize cartes, cinq coupes seigle, treize cartes, trois coupes avoine, le tout mesure de St-Gérand ; dix-huit gellines, seize corvées et trois charrois, suivant la coutume de Billy, à la charge du fief dû au seigneur, à qui il appartiendra et parce qui...... et suivant que les héritages sujets aux dits devoirs sont au moins la plus grande partie d'iceux, dans la justice de ladite seigneurie de Montaigu-le-Blain.

A cause de...... a requis ledit Bergeron pour l'absence dudit seigneur et autres officiers le vouloir recevoir à faire le fief et hommage pour raison desdites acquisitions sous protestation qu'il fait de ne faire faux aveu. Ce que ledit sieur Bergeron a consenti pour ledit seigneur ; comme de fait en sa présence ledit Devaulx ayant la tête nue, s'est prosterné à genoux et baisé le verrou de ladite porte en signe d'humilité, comme il est de coutume, promettant de lui à cette fin, par le serment, toute obéissance et fidélité audit seigneur. Dont et de quoi lui ai octroyé le présent acte pour lui servir et valoir ce que de raison. Et a ledit Devaulx délaissé copie dudit contrat et du présent acte audit sieur Bergeron pour ledit seigneur. Présents, Mᵉ Jehan Dopra, ancien procureur et praticien dudit Montaigu, Barthélemy de Lagarde et Jehan Deneirol cavalier et garde de Monseigneur le duc d'Angoulême, tous habitants audit Montaigu qui ont signé.

Signé : Devault, de Bergeron, Lagarde, Deneirol, Thomasset.

Henriette de la Guiche, Duchesse d'Angoulême, vécut jusqu'en 1698, et, mourant sans enfants, laissa Montaigu avec bien d'autres terres à sa sœur Anne qui avait épousé le maréchal Henri de Schomberg, comte de Nanteuil ; aussi, en 1706, trouvons-nous comme seigneur de Montaigu-le-Blin, Charles de Rohan Montbazon, prince de Gueméné, époux de Jeanne-Armande de Schomberg, fille posthume du maréchal. A Charles de Rohan succèda en 1736 son fils Hercule Mériadec qui fut plus tard interdit, et dont le 21 mars 1741, la curatrice, Julie-Louise-Gabrielle de Rohan, assistée de J. B Chouet de Saint-Aubin, avocat en parlement, vendit Montaigu à M. François Senetaire du Buysson, comte de Douzon, et plus tard de Poncenat, époux de Marguerite-Mayeule de Beausson.

A peine propriétaire, du Buysson plaida avec le curé, et

M. Le Brun de Treteau, puis en 1761 avec les habitants de Montaigu à qui il contestait leurs droits sur des communaux.

Voici quels étaient à cette époque les droits et revenus de la seigneurie de Montaigu-le-Blin, Listenois, Rongères, Barrechère, etc.

I. — Droit de nommer des officiers, baillis, lieutenant, procureur d'office, greffier.

II. — Droits de bans et de sépulture dans le chœur des églises de Montaigu-le-Blin et Rongères, avec tous les droits honorifiques.

III. — Droits de banalité, de moulin, pressoir à huile et à vin.

IV. — Droits de ban de vendange.

V. — Droits de bourgeoisie, qui consistait en 15 sols et une poule chacun an par chacun de ceux qui ne donnent point de corvée.

VI. — Droits de rachat et de viguerie.

(Le viguier était le juge qui, dans les provinces, faisait fonctions de prévôt royal.).

VII. — Droits sur les places communes avec la faculté de disposer desdites places et terres vaines et vagues dans toute l'étendue de ladite justice, places de Montaigu-le-Blin, de Rigny, des Ratilles, place de Galot, de la Gorce, des Roussanges, et de Rebray, de Breuillat, de Vernus et autres, grand nombre d'autres.

VIII. — Un droit de péage à St Gérand-le-Puy qui se perçoit ainsi : pour chaque roue de charrette ou de chariot, un sol; pour chaque bœuf ou vache, deux sols six deniers ; pour chaque cheval ou poulain tant chargé que vide allant à la vente, un sol ; pour chaque mulet, bourrique, bourriquet, 5 sols ; pour chaque mouton et les cochons, six deniers.

Le produit du péage se partageait entre les seigneurs de Montaigu-le-Blin, de Billy et d'Urphé.

IX. — Un droit de terrage aux foires et marchés de Montaigu-le-Blin et Rongères qui se perçoit ainsi, savoir : pour chaque bœuf ou vache, un sol ; pour chaque cheval ou poulain, deux sols ; pour chaque mouton, brebis ou agneau, six deniers; pour chaque cochon, six deniers ; pour chaque marchand tenant un banc, six deniers ; pour chaque charge de sabots, cinq sols; pour cent livres de chanvre, six sols ; pour chaque charge de vaisselle de terre ou faïence, cinq sols ; pour chaque char de coffres, de planches de sapins ou autres bois, cinq sols ; pour chaque char de cercles, cinq sols ; lequel appartient seul au seigneur de Montaigu-le-Blin.

X. — Droits de corvéable et de manœuvre qui consistent en trois charrois chacun an et trois journées par chaque autre particulier.

XI. — Droits de dîme dans toute l'étendue de la justice et ailleurs. La justice de seigneur de Montaigu s'étendait sur Montaigu-le-Blin, Ciernat, une partie de Boucé, Cindré, Servilly, St-Gérand, Langy, Rongères.

XII. — Un droit de dîme totale sur la vigne du domaine de Lestrat et douze coupées de terre joignant la dite vigne.

XIII — La dîmerie de Rigny en blé, vin, chanvre et charnage. (Le charnage était un droit perçu sur la viande abattue).

XIV — La moitié de la dîmerie de Lassé en blé, vin, chanvre et charnage.

XV. — La dîmerie de Closbatel en deux parties, une indivise entre le seigneur de Poifol, le curé de Ciernat et le seigneur de Montaigu-le-Blin, perceptible dans les paroisses de Cindré, Servilly, et St-Etienne-du-Bas.

XVI. — La dîme de Fontaine, appartenant pour la quarte partie à mondit seigneur de Montaigu-le-Blin, en blé, vin, chanvre et charnage, perceptible dans les paroisses de Cindré, Treteau et Boucé ; les trois autres parts sont indivises entre les religieux de Gayette, le seigneur de Jaligny, et plusieurs autres.

XVII. — La dîmerie de St-Etienne consistait en blé, vin, chanvre et charnage, perceptible dans les paroisses de St-Etienne, Sanssat, Langy, Ciernat, Boucé, Montaigu-le-Blin, St-Gérand-le-Puy.

XVIII. — Le total de la dîme sur une pièce de terre contenant environ vingt-huit coupées dépendant du domaine de Mart, paroisse de Boucé.

XIX. — La moitié de la dîme des Galots, l'autre dîme appartenant aux curés de Boucé, Montaigu-le-Blin et Cindré.

Il y avait encore une foule d'autres parcelles disséminées sur les cantons de Varennes, Jaligny, sur lesquelles les seigneuries de Montaigu-le-Blin ou de Poncenat avaient des droits.

Cette longue énumération montre donc qu'il y avait encore au XVIIIe siècle une organisation féodale très serrée, et que pas un sujet, pas un lopin de terre n'échappait à l'obligation d'acquitter un droit quelconque, sans compter la taille du roi qui n'est pas comprise dans cette liste.

François Senetaire eut cinq filles et un fils, Denis Philibert, condamné à la peine de mort sous la Convention, qui fut le dernier seigneur de Montaigu.

Seigneurie de Poncenat

Le château de Poncenat, bâti sur une motte renforcée de terrasses, offre encore aujourd'hui une masse imposante de constructions démantelées. On suppose qu'il fut entièrement rebâti dans les premières années de XVIIe siècle, car on retrouve en quantité dans les murs de pierres sculptées et des meneaux du XVe siècle où on les a employés comme moëllons. Le château commandait un vieux pont sur le Valençon d'où son nom : Pont-de-Ciernat, ou Poncenat ; sa principale défense lui était fournie par un étang, aujourd'hui desséché, qui entourait deux de ses faces.

Il subsiste encore une jolie margelle de puits dans le goût du XVe siècle, avec des armoiries qui paraissent avoir été placées à l'envers.

Ce manoir fût le berceau d'une famille de Poncenat dont nous citerons seulement en 1322 Gilbert, époux d'Isabelle de Cincé, qui possède du chef de sa femme des droits seigneuriaux sur Roussanges et le terroir de Vernillet.

En 1366 le fief patronymique passa aux Boucé par le mariage d'Alix de Poncenat, fille de Gilbert avec Guillaume de Boucé, écuyer, seigneur dudit lieu.

Jean de Boucé, qui vivait en 1445 fit de Poncenat le lot de son second fils, Antoine de Boucé. Celui-ci prit le titre de seigneur de Poncenat, ou simplement s'appela Boucé-Poncenat. Il n'eut qu'un fils, Nicolas, qui épousa Anne de Pisseleu, veuve en premières noces de Lespinasse, dont il eût trois fils, deux desquels jouèrent un rôle important dans les guerres religieuses: ce sont Charles de Boucé, prieur d'Ambierle et François de Boucé, plus connu sous le nom de « Capitaine Poncenat ».

Les campagnes du capitaine Poncenat ont fait l'objet d'un ouvrage intéressant dû à M. G. Morand, président de la Société d'Emulation du Bourbonnais : nous ne ferons que le résumer le plus brièvement possible.

Si François de Boucé, seigneur de Poncenat, naquit au château de Poncenat, ce qui n'est pas entièrement prouvé, il y habita peu. Sa résidence fût plutôt Changy, dans la Loire, entre La Pacaudière et St-Germain-Lespinasse.

Il fit ses premières armes avec le maréchal de Saint-André, en Italie, et le prince de Condé.

Lorsque la Réforme religieuse parut en France, Poncenat embrassa la religion protestante avec le prince de Condé qui le protégeait. Après le massacre de Vassy où les réformés furent victimes des catholiques, ceux-là prirent le armes, « chacun pour défendre sa foi, sa ville, son foyer » .

C'est alors que Poncenat fut chargé d'une mission militaire, et nous le trouvons à la tête des huguenots à Lyon, à Roanne, à Marcigny, à Digoin, à Moulins, à Feurs, à Montbrison, à Mâcon, à Tournus, à Louhans et à Vienne.

On sait que cette première guerre se termina en 1563 par la paix d'Amboise qui laissait la liberté du culte aux protestants dans un grand nombre de villes du royaume.

Poncenat se retira alors en son château de Changy, occupant ses loisirs à faire restaurer son manoir, mais la paix d'Amboise n'ayant pas été observée, il reprit les armes à l'automne de 1567. On le suit alors à la tête des Réformés à Issoire, à Saint-Amand, à La Pacaudière, Cluny, Tournus, Mâcon, St-Rambert, Champoly, Vichy, et enfin à Cognat, où il est victorieux, mais où il paye la victoire de sa vie (7 janvier 1568).

Il fût inhumé à Changy, où sa dépouille fût odieusement profanée par les catholiques quelques jours après.

Poncenat a laissé la réputation d'un homme de guerre remarquable, et il semble qu'il ait fait la guerre aussi humainement que le permettaient les lois et usages de cette triste époque.

Jacques de Changy, seigneur de St-Gérand, gouverneur de Valence, était le cousin et l'ami de Poncenat. Cette amitié expliquerait l'existence du portrait du grand chef hugenot au château de Saint-Gérand, portrait qui fut détruit il y a quelque quarante ans par Mme Girard de St-Gérand, par scrupule religieux : on ne peut que déplorer cette perte.

Jacques de Boucé, seigneur de Changy, fils de Poncenat fit, peu après la mort de son père, profession de foi catholique. Il mourut sans enfants en février 1585.

Le château de Poncenat devint l'apanage de sa seconde sœur, Suzanne,mariée à Henri d'Apchon,baron de Fretay. Elle mourut en 1606, ne laissant qu'une fille, Marguerite d'Apchon, qui épousa en 1610 Gabriel de Chabannes-Curton. Celui-ci fut tué à la bataille de Bapaume en 1636. Sa femme était décédée avant lui, et ils ne laissaient pas d'enfants. Cette même année 1636, la seigneurie de Poncenat fût vendue à Balthazar de Bayle, fils de François de Bayle, qui prit peu après, en 1650, le titre de baron de Poncenat. C'est sous ce titre que nous l'avons vu prendre part au siège de Montaigu.

Le fils ainé de Balthazar, Jean Gilbert de Bayle, mourut probablement jeune, et son successeur immédiat fût son fils cadet, Jacques de Bayle, écuyer, prêtre, qui semble avoir presque continuellement habité son manoir de Poncenat Il y mourut le 7 août 1730, entouré de ses voisins et parents parmi lesquels nous citerons : madame de Maubranches de Cotignon, sa nièce, madame de Berthet de Fognat, de Puy-Digon, et M. Menudel, seigneur de Beaurepaire et Bel-air ; ses restes furent inhumés dans l'église de Ciernat.

Poncenat passa alors à dame Catherine de Cotignon, et à son époux Pierre-François Debies de Maubranches qui le gardèrent jusqu'au 1er Mai 1745, époque où ils le vendirent à François Sennetaire du Buysson de Douzon, le même qui en 1741 s'était rendu acquéreur de Montaigu-le-Blin.

C'est à Poncenat que mourut M. du Buysson, le 3 Août 1769, et le 7 Mai qu'y fut célébré le mariage de demoiselle Anne-Mayeule-Charlotte du Buysson, une de ses filles, avec Yves Mourins, comte d'Arfeuilles, capitaine de dragons, à qui sa femme apportait en dot, la terre du Lonzat, sur la paroisse de Vilaines, actuellement Marcenat, qui appartient encore aujourd'hui à ses descendants.

Le château de Poncenat était encore en bon état à la fin du XVIIIe siècle. Vendu comme bien national le 11 messidor, an II, voici la désignation faite lors de cette vente : « Le ci-devant château de Poncenat consistant en plusieurs chambres basses : salle de compagnie, salle à manger très vaste, cabinets, cuisine, office, chambres hautes, cabinets, salle de billard, cave, grenier, écuries, remises, grange, cuvage cour et jardin, le tout d'une contenance de trois quartonnées. »

Autres maisons seigneuriales

Ce que nous avons à mentionner des autres maisons seigneuriales de Montaigu, a été extrait à peu près entièrement de l'ouvrage : « Les fiefs de l'arrondissement de Lapalisse », par Aubert de la Faige.

Deux maisons de Montaigu étaient d'anciens fiefs que durent toujous occuper des officiers du château.

La première, est la Boulaise, appartenant aux Delaire, à qui elle vint, en 1745, par le mariage de Jean-François Delaire, seigneur des Blanchards, fils d'Antoine, et arrière-petit-fils de Jean-Antoine, mentionné à la Jarousse, avec Madeleine Treille. Dès 1614, les seigneurs de la Boulaise sont des membres de cette famille Treille, également possesseur de nombreuses terres avoisinantes, mais avant 1614 nous ne connaissons d'autre aveu de notre fief que celui de Jean de la Boulaise, écuyer, seigneur dudit lieu, capitaine du château de Montaigu en 1439.

Les Delaire, dont le nom revient souvent dans les listes d'officiers de justice des environs, formèrent d'abord deux branches, celles du Riage et de la Jarousse, issues de Charles et Antoine Delaire, frères. La dernière forma les Delaire des Girauds, puis de la Boulaise, ceux des Pagats, ceux de St-Gérand-le-Puy, qui ont hérité du titre et des terres des Bouquet d'Espagny, et enfin les Delaire de Créchy

La maison du Riage est un bâtiment tout moderne, dont le colombier seul paraît ancien.

De 1461 à 1494, nous trouvons mentionné Boniface Perron et Jean du Riage, écuyers, seigneurs du dit lieu ; puis vient une longue lacune jusqu'en 1604 où ce fief est aux mains de Charles Delaire, époux de Claudine Blanchard. En 1639, Thomas Delaire, un des nombreux enfants de Charles, est encore seigneur du Riage, mais en 1643, sa terre a passé nous ne savons comment, à M. Gilbert de Champfeu, écuyer, président trésorier de France à Moulins, fils de Georges, seigneur de la Motte, et de demoiselle Marie d'Aubigny.

Comme depuis lors, aucun des descendants mâles de Gilbert de Champfeu ne porta le titre de seigneur du Riage, il est à croire que le fief échût à sa fille, mariée en premières noces à Gilbert de Chabannes-Pionsat, et remariée à Edouard de Montmorin. Nous en perdons la trace jusqu'en 1743, époque où le possède François Féjard, dont une petite-nièce, madame de la Geneste l'avait encore il y a peu de temps.

La Jarousse est une maison féodale que les anciens plans marquent comme un vieux château flanqué de quatre tours et accessible par une porte ouverte, dans une tour carrée.

Du passé féodal de la Jarousse, nous ne reconnaissons rien, et c'est en 1546 seulement qu'apparaît un Jean du Cléroy écuyer, seigneur de la Jarousse. En 1603, autre Jean de Cléroy, écuyer, possède la Jarousse indivisément avec son frère, noble et religieuse personne Claude du Cléroy, seigneur de la Maison Neuve en la paroisse de Cindré. En 1619 Claude étant mort sans doute, notre fief appartient en entier à Jean du Cléroy, époux de demoiselle Esmée de Ferrières, puis en 1622, il a été, par leur fille Suzanne, porté à Antoine Delaire, frère de Charles, seigneur du Riage.

A Antoine succèdèrent son fils, Jean, fermier du Grand Montet, et son petit fils, Claude, marié à Marie-Madeleine Maréchal, mais le 7 mars 1678, cette dernière alors remariée à François de Cartherat, écuyer, gendarme du Roy, et héritière des biens de son mari, vendit la Jarousse à Michel Binville, procureur à Moulins, avec droit de réméré pendant cinq ans.

Or parmi les personnes pouvant exercer ce droit de réméré se trouvait Gilles de Brachet, écuyer, seigneur de Palleau, capitaine au régiment de Navarre, fils de François de Brachet, de Villars et demoiselle Marie de Murat, et époux de demoiselle Jacqueline de l'Espirier, sœur de François de l'Espirier, seigneur de Villars.

Gilles de Brachet, en effet, avait hérité de son oncle, Charles Delaire, fils d'Antoine, époux de Jeanne de Brachet, et se trouvait ainsi non seulement représentant des Delaire au même titre que Madeleine Maréchal, mais encore possesseur de la moitié des droits féodaux de la Jarousse. Il réclama donc l'annulation de la vente de 1678, et le 9 juin 1680, devint seigneur de la Jarousse, où nous trouvons encore sa veuve en 1696, et en

1716, son fils Louis, époux de demoiselle Catherine de Vicq. Mais par suite d'arrangements de famille, notre fief ne tarda pas à passer à une fille de Gilles, Marguerite de Brachet, épouse de Pierre Delaire, et à rentrer ainsi dans la famille de ses anciens possesseurs.

En 1764, enfin, Hélène Delaire, petite fille de Pierre, la porta à Charles-Athanase Dupuy de Châteauvert, capitaine dans le régiment provincial d'Autun. Sous la Révolution, Dupuy fut traduit devant le tribunal révolutionnaire et exécuté.

Il ne laissait pas d'enfants, et sa veuve en mourant légua la Jarousse à un de ses cousins de Bourgogne, M. de Brachet, arrière petit-fils de Gilles ; celui-ci la mit immédiatement en vente, et, acquise comme bien de famille par Jacques Delaire des Girauds (sur Boucé), époux de demoiselle Treille de la Boulaise, notre ancienne seigneurie passa successivement aux mains d'Antoine Delaire, fils de Jacques, mort sans postérité, à celles de Rose Delaire, sœur de d'Antoine, et épouse de Gilbert Burelle-Barutet, fils de Jean-Louis (de Guédonnière) et enfin à toute la descendance de Rose Delaire jusqu'à M. Frantz Duchon, son arrière petit-fils, qui en est aujourd'hui propriétaire.

La Jarousse a été reconstruite en entier, et deux tours y indiquent seules une ancienne maison seigneuriale.

Tout au bas de la Jarousse commençait la paroisse de St-Etienne-du-Bas, aujourd'hui partagée entre Montaigu et St.-Gérand, et sur le territoire de laquelle se trouvaient deux maisons nobles.

LES MORETS, d'abord, sis sur le vieux chemin visible encore depuis le domaine de Champagne, et où vivait au XVIe siècle une famille bourgeoise des Morets, que nous y voyons jusqu'en 1626. Les Morets passèrent plus tard, ainsi que le domaine voisin des Vrys, aux Blanchardon, dont nous connaissons en 1656, Barthélemy, et en 1667 son fils Claude ; puis en 1729 vinrent à M. Claude Devaulx, notaire royal, époux de Catherine Gras.

MM. Frantz et Paul Devaulx des Morets, arrière-petits-fils de Claude, furent les véritables rénovateurs de la culture dans cette région, et les créateurs du riche centre agricole qui a nom « la Forterre ». Leur œuvre agricole que nous ne pouvons reproduire ici sans sortir du cadre que nous nous sommes tracé, est exposé dans un ouvrage intitulé : « Deux Agriculteurs ». (Libraire Historique du Bourbonnais).

Puis CHERVINIERES, qui, à l'encontre des Morets, doit bien être un ancienne maison seigneuriale ; peu de traces y restent de son importance disparue et de ses possesseurs. Trois seulement nous sont connus : ce sont, en 1606, Archambaud de Villars, écuyer, de 1639 à 1645, son fils Jacques, époux de demoiselle Paule de la Gravière, et enfin en 1681, Francois Carré, seigneur du Crozet, qui possède Chervinières du chef de demoiselle Marie de Villars, sa femme, veuve en premières noces de Gilbert de James.

Non loin de là, sur la paroisse de St-Etienne-de-Ciernat, est le vieux fief de Puy-Digon (podium Hugonis) curieusement adossé à un mamelon calcaire qui porta peut-être le château primitif, mais sur lequel on ne trouve ni fondations, ni débris : Au Puy-Digon actuel il est difficile d'assigner une date authentique, et la seule partie intéressante à relever dans les bâtiments confus qui le composent, est une jolie façade de XVIe siècle, qui n'est du reste qu'un placage recouvrant des constructions beaucoup plus anciennes.

Puy-Digon semble avoir été, dès l'origine, le fief d'une famille Favier, jadis fort importante, et souvent nommée dans les plus anciens titres relatifs au pays ; en tous cas, en 1301, époque où pour la première fois nous le trouvons mentionné, il appartient à Robert Favier, écuyer, vassal de Montaigu-le-Blin. A. Robert succèda Guillaume, écuyer d'Isabelle de Valois, duchesse de Bourbon, et nous suivons à Puy-Digon tous les Favier jusqu'à l'année 1566 où s'y trouve encore François Favier, fils de Jean et époux de Catherine Aubert, fille de Mathieu, bourgeois de Charroux.

Dans un procès célèbre entre les seigneurs de Gayette et Jean Moreau, écuyer, seigneur de la Grange-en-Boucé, figure comme témoins François Favier, écuyer,seigneur de Puy-Digon (1499).

Après François Favier est une lacune dans la série des sires de Puy-Digon, quand en 1605, il tomba entre les mains des Tallière,vieille famille de Vouroux-lés-Varennes,alliée aussi aux Aubert de Charroux. Viennent ainsi successivement, en 1605 Claude Tallière ; en 1628 et en 1649, Antoine, et de 1655 à 1671, autre Claude, fils d'Antoine, mais à cette date est une nouvelle interruption, et en 1679 apparaît un nouveau seigneur en la personne de Jacques de Berthet, époux de demoiselle Françoise Treille.

Les Treille ont eu en 1601 et en 1642 des alliances avec les Tallière, et peut-être faut-il voir dans ces alliances une explication toute naturelle du transfert de Puy-Digon à l'époux de Françoise Treille ; toujours est-il qu'en 1695, cette terre appartient à Pierre Agapet de Berthet, fils de Jacques qui, le 1e Décembre 1696, devient aussi seigneur de Teillat et de Martillières, paroisse de Vilaine (Marcenat) par le testament de son oncle Gilbert de Berthet.

La fille de Pierre Agapet de Berthet, en 1704, porta Puy-Digon à messire André François du Buysson, seigneur de Fognat, en la paroisse de Bellenaves, président en la cour et sénéchaussée du Bourbonnais, et en 1774 il appartient encore à leur fils Pierre Emmanuel du Buysson de Fognat, mais à la mort de ce dernier, il fit retour aux de Berthet, et à la Révolution, le seigneur de Puy-Digon était François de Berthet, écuyer, aïeul des propriétaires (Mlles de Berthet) récemment décédées.

A l'extrémité de l'ancienne paroisse de Ciernat, vers les Places Roussanges, est le domaine de *Beaurepaire,* qui fut jadis une fort importante seigneurie. Elle semble avoir été partagée au XIVe siècle, et tandis qu'une partie de ses droits fût,par une de Cincé,portée aux Poncenat,la terre et le château probablement échurent aux Montjournal, dont, aux XVe et XVIe siècles, plusieurs membres sont dits seigneurs de Beaurepaire.

Sans doute faut-il voir déjà un seigneur de Beaurepaire dans ce Jean de Montjournal qui, en 1375, fait des acquisitions dans le voisinage, mais le premier que nous ayons trouvé mentionné sous ce titre est, en 1454, Claude de Montjournal, père de Pierre.

Aux archives de Gayette (H. 12) existe le contrat de mariage de Guillaume de Montjournal avec Faulque de Gayette. « Le futur époux donne en douère à sa future son hostel appelé de Beaurepère. »

Le dernier est, en 1526, François de Montjournal, duquel sans transition aucune, nous passons à l'année 1664, où la statistique nobiliaire nous donne un nouveau seigneur de Beaurepaire en Philippe de Menudel.

Après Philippe, on trouve comme seigneur de Beaurepaire son fils Mayeul, et après celui-ci, Jean-Alphonse de Menudel, époux de demoiselle de Bergeron de Grouges, et demeurant en son château de Beaurepaire.

Jean-Alphonse de Menudel n'eut pas d'enfant, et mourut en 1730, laissant par testament tous ses biens à son neveu Antoine Préveraud, seigneur de Vesvres et de Mortillon, époux de Marie Bertucat, cette dernière fille de Claude et de demoiselle Catherine Bergeron de Grouges.

Antoine Préveraud ne garda pas Beaurepaire, et en 1734, peu avant sa mort, le céda à François Fournier, écuyer, tenant la poste pour le Roy à Bessay, qui, du chef de sa mère demoiselle Dupéron, fille d'un capitaine châtelain de Poncenat, possédait déjà une partie des terres encore aujourd'hui comprises dans le domaine de Beaurepaire.

De toutes les transactions dont il fut dès lors l'objet, nous ne citerons que le partage du commencement du dix-neuvième siècle qui consomma son démembrement..

Une partie en fut portée par une demoiselle Fournier à M. Virotte-Lafond dont le petit-fils, M. Grellet-Dumazeau, la possède encore et le reste divisé entre ses deux frères, qui se construisirent chacun une maison bourgeoise dans la part à eux échue. Mais dans les constructions qui subsistent, il est impossible de reconnaître trace, non seulement d'un château ancien — s'il en exista jamais — mais encore de l'habitation plus récente des Menudel.

Enfin dans la direction de St-Gérand, nous trouvons Puy-Rambaud. Parmi les vassaux de Montaigu-le-Blin, en 1300, figure un de Cincé, damoiseau, seigneur de Puy-Rambaud, et en 1357, nous trouvons dans le même fief Perrin de Cincé, aussi damoiseau : on pourrait dès lors supposer qu'il y eût à Puy-Rambaud autre chose que le vieux moulin qui seul existe aujourd'hui ; mais il est bien à croire que cet ancien fief perdit non seulement son chef, mais encore toute importance de très-bonne heure et sans doute dès la guerre de Cent ans.

Depuis cette époque, en effet, il n'en est plus fait mention, et en 1621 seulement, nous le retrouvons parmi les possessions des Chitain, seigneurs de St.-Etienne du Bas et de la Prugne.

Le dernier de ces Chitain fut Pierre, époux de demoiselle de Poilvilain, et, pendant que, par suite d'un mariage, Saint-Etienne du Bas et la Prugne sont passés aux Rouher, le seigneur de Puy-Rambaud, en 1698, est messire François de Culant, époux de demoiselle Claudine du Vergier, employé dans les affaires de sa Majesté et domicilié à Gouise.

François de Culant encore mentionné en 1722, est le dernier seigneur de Puy-Rambaud que nous connaissons.

Montaigu sous la Révolution
Vente des Biens nationaux
Le Volontaire Beurrier

Avant 1790, les localités désignées aujourd'hui sous le nom de commune portaient celui de paroisse ou communauté. L'administration variait à l'infini, mais celle-ci était presque toujours entre les mains du seigneur.

Par décret du 14 décembre 1789, l'Assemblée nationale décida qu'il y aurait une municipalité dans chaque ville, bourg, paroisse ou communauté de campagne, et les membres qui la composaient étaient élus directement par les citoyens actifs. Ceux-ci devaient être âgés de 25 ans, et payer une contribution égale à la valeur de trois journées de travail.

Le 31 janvier 1790, trente trois votants réunissant les conditions nécessaires pour être citoyens actifs, procédaient à la formation de la nouvelle municipalité de Montaigu-leBlin.

Le corps municipal devait être composé de trois membres y compris le Maire.

Fut élu maire : Virotte, par 18 voix.

Premier officier municipal : Dupuy de la Jarousse par 30 voix.

Deuxième officier municipal : Burelle, curé, par 29 voix.

Fut nommé procureur de la commune par acclamation : Delaire des Blanchards.

Six notables furent ensuite élus dans l'ordre suivant : 1° Delaire des Pagas ; 2° Joseph Virotte fils ; 3° Jean-Baptis-Fournier ; 4° Gilbert Gaubert ; 5° Mayeul Beurrier ; 6° Gilbert Guillot.

Les fonctions du Conseil municipal étaient à peu près celles qui existent encore aujourd'hui ; régie des biens communaux, police locale, répartition des contributions directes, travaux d'utilité publique, recettes et dépenses locales, etc.

Nous ne suivrons pas les travaux de cette assemblée municipale dans ses multiples délibérations. Elle paraît s'être toujours conformée aux lois, décrets et règlements de l'Assemblée Nationale, tant de la Constituante, de la Législative, que de la Convention.

Nous en voyons une preuve dans la délibération suivante :

« Aujourd'hui vingt et un mars mil sept cent quatre vingt treize. Le corps municipal de Montaigu-le-Blin réuni à la Commune, après communication prise de la proclamation du département de l'Allier du dix neuf de ce mois, et de l'arrêté du district de Cusset en date du vingt dudit mois.

Considérant que le salut de la patrie exige les mesures les plus pressantes et les plus actives, arrête, après avoir consulté et entendu le procureur de la commune :

1° Que tous les parents des émigrés et personnes suspectes seront consignés dans leurs maisons respectives d'où il leur sera défendu de sortir.

2° Que toutes les gardes nationales de cette municipalité sont mises dès ce moment en état de réquisitionnement pour se tenir prêtes à marcher au premier signal afin d'aider nos frères des départements de la Vendée, Loire-Inférieure et Maine-et-Loire à chasser les émigrés, prêtres réfractaires et brigands qui ont incendié la ville de Cholet, et qui continuent à ravager et incendier tous les lieux où ils passent. En conséquence, que la municipalité fera tous les préparatifs d'armes et munitions nécessaires pour le départ des citoyens qui sont requis de marcher.

3° Que toutes les personnes suspectes seront désarmées ;

4° Que la municipalité s'assurera des chevaux et fourrages appartenant aux parents des émigrés et personnes suspectes. Fait et arrêté par nous, officiers municipaux, ledit jour et an que dessus.

5° Lavelle, municipal, Virotte, maire Delaire des Blanchards, procureur de la commune. »

Ces mesures avaient leur raison d'être au moment où elles étaient prises. A la guerre extérieure se joignait, à l'intérieur, l'insurection, fomentée par les partisans de l'ancien régime. Des mesures énergiques, justifiées par des évènements comme celui qui nous est indiqué dans « Le Bourbonnais sous la Révolution » s'imposaient.

Le 4 septembre de cette même année (1793) éclatait à St-Gérand-le-Puy une sédition au cours de laquelle les autorités furent insultées et les citoyens paisibles molestés.

Les jeunes recrues des communes voisines, Langy, St-Etienne-du-Bas, Montaigu, devaient se réunir à la maison commune de St-Gérand-le-Puy pour être de là dirigées sur Cusset, pour s'exercer au maniement des armes. Mais la veille Claude Ray, régisseur de Grassin, de St-Alyre, avait invité à dîner plusieurs jeunes gens appelés à partir, et quand ils furent ivres, il leur représenta qu'ils étaient des nigauds d'aller se faire tuer, qu'ils devaient se soutenir les uns les autres et ne pas partir.

Ces détestables avis furent ponctuellement suivis.

A sept heures du matin, les contingents des trois communes que nous venons de citer se rendirent devant la maison du procureur de la commune Devaux, et prononcèrent des menaces de mort. En même temps, les jeunes gens de Montaigu, au nombre de trente environ, s'attroupèrent autour de l'arbre de la Liberté et le frappèrent à coups de pied en disant : « Abattons-le, et plantons celui de l'égalité : Il nous faut un chef ! »

Informé de cette échauffourée, le comité de Cusset envoya 200 hommes de la garde nationale et de l'artillerie afin de calmer l'effervescence. Cette force armée délivra les autorités et s'empara des chefs de la rébellion, auxquels vinrent s'ajouter plus tard Grassin et sa femme qui avaient été représentés au Tribunal révolutionnaire comme les instigateurs de la rébellion, menaçant les patriotes de l'armée des Prussiens et des Espagnols, et jouissant d'une réputation méritée d'incivisme.

De Varennes-sur-Tèche, où ils habitaient, des témoignages vinrent également confirmer leur culpabilité.

Pour ces faits, Grassin et sa femme furent condamnés à mort, et les autres prévenus acquittés.

Le 2 février 1790, la municipalité de Ciernat se constitua dans les mêmes formes que celle de Montaigu. Sur 37 votants, Soalhat, curé, fût élu maire par 23 voix, François de Berthet, de Puydigon, premier officier municipal, par 28 voix, et Gabriel Meulin second officier.

A cette époque, Poncenat, qui dépendait de Ciernat, était habité par Denis Philibert Du Buysson.

C'était un personnage important. Créé comte de Douzon le 28 février 1772, il fut successivement mestre de camp, gouverneur du Bourbonnais, député de la Noblesse aux Etats-généraux de 1789. Il siègea à Versailles jusqu'à la reunion des trois ordres, mais refusa à partir de ce moment de prendre part aux travaux de l'Assemblée nationale.

Cependant nous le voyons prêter le serment civique le 22 août 1790 " au devant de l'église de Ciernat ", puis il émigra d'abord en Savoie, puis à Genève. En 1792, il revint dans ses terres sous prétexte de travaux à faire exécuter.

Le 20 avril 1793, le comité central de sûreté publique de l'Allier ordonna que tous les ex-nobles, prêtres non utilisés et parents d'émigrés qui se livraient à une croisade contre la Révolution fussent tenus de se retirer dans les chefs-lieux de leurs districts respectifs ou au chef-lieu du département pour y habiter jusqu'à la paix. Du Buysson de Douzon fit demander la permission de rester chez lui.

Par délibération du 29 septembre 1793, la municipalité de Ciernat appuyait chaudement sa demande en ces termes :

« Le conseil général de la communauté de Ciernat déclare « que le citoyen Du Buysson de Douzon a toujours montré le « plus grand respect et la plus grande soumission aux lois..... « qu'il donna des ordres pour faire supprimer incontinent dans « les églises situées dans l'étendue de sa justice et dans ses « bâtiments ses armoiries et autres signes de la féodalité...... « qu'il a donné des marques non équivoques de son zèle « pour la patrie...... Demande que le citoyen Dubuysson-« Douzon soit rendu à son habitation de Poncenat, l'Assemblée « entière se portant garant de son civisme. »

Cette demande fut rejetée.

Le 5 octobre 1793, le Comité établit une liste de riches égoïstes, et à côté de chaque nom il inscrivit la somme à payer. Dubuisson-Douzon fut taxé à 20.000 livres. Il protesta avec beaucoup d'autres contre cet impôt. Les protestataires ne reconnaissaient pas au Comité le droit d'établir un impôt ; ce droit n'appartenait qu'à la Convention. Ils refusèrent de payer, ce refus amena leur arrestation.

Après l'insurrection de Lyon, les proconsuls voulurent que les départements fussent appelés à fournir leur contingent de victimes. Un arrêté ordonna la translation dans les prisons de Lyon des Fédéralistes de l'Allier. Ils étaient 34. Dubuisson fut du nombre.

Comme ils étaient deux de ce nom, quand on fit l'appel des victimes, son homonyme se présenta et se disposa à prendre place dans une des fatales charrettes, mais sa femme qui était là, ne perdant pas la tête dans ce moment solennel demanda : — « Lequel ? — Denis-Philibert, ex-comte de Douzon, ex-député à la Constituante » fut-il répondu.

Il fut exécuté à Lyon, le 11 nivose an II.

Charles-Athanase Dupuy, de la Jarousse était originaire de Saône-et-Loire. Capitaine dans le régiment provincial d'Autun, il fut réformé et vint se fixer à Montaigu à la suite de son mariage avec Hélène Delaire, fille du seigneur de la Jarousse, en 1764

En 1790, comme nous l'avons vu, il est élu premier officier municipal, mais par la suite, son attitude devint suspecte, et le 9 germinal an II, les dénonciations affluèrent contre lui.

Jean Pétilliat, vitrier à St-Gérand, déclara au Comité révolutionnaires de Cusset qu'il ne voulait plus aller travailler dans les maisons comme celles de Dupuy de la Jarousse, qui ne cessait de lui répéter qu'il agissait mal en soutenant la nation, qu'en se tournant du côté des nobles, il serait heureux et que rien ne lui manquerait alors.

La femme Puyplat prétendit que Dupuy-Lajarousse avait offert de l'argent à son mari pour embrasser le parti contre-révolutionnaire.

Le seigneur de la Jarousse recevait fréquemment à dîner les de Chabannes, Chauvigny, St-Alyre, de Fradel, Trousse-bois, de Villemontée, Chargère-Roudon, de Douzon etc. Il donnait asile au curé réfractaire de sa commune et lui faisait même bâtir une chapelle pour qu'il pût exercer le culte. Il envoyait des fonds au prêtre déporté Burelle et correspondait avec lui.

Le témoignage des officiers municipaux lui fut également défavorable. Il aurait déclaré à ceux-ci que les troupes qu'on levait n'étaient pas bonnes, que c'étaient autant d'hommes sacrifiés...... des canailles et des enfants.

Traduit devant le Tribunal révolutionaire pour ces faits inciviques, il nia tous les propos qu'on lui prêtait. Reconnu coupable malgré ses dénégations, il fut condamné à mort le 2 messidor suivant.

Les biens et les meubles des condamnés à mort, des émigrés et du clergé furent vendus comme biens nationaux au profit de la Nation.

Le château de Poncenat et le domaine de ce nom se vendirent 129.400 livres à Chocheprat, de Vichy.

Le château de Montaigu, alors à l'état de masure disaient les affiches, avec une partie du grand domaine de Montaigu, furent vivement poussés par Virotte et Delaire, et adjugés 28.400 livres.

Ajoutons que pendant tout le 19e siècle, le vieux manoir, continuant de s'effriter lentement, de larges brêches s'ouvraient dans les courtines, et les murs d'ençeinte s'écroulaient. On pouvait prévoir l'époque relativement peu éloignée où l'énorme bâtisse viendrait s'éffondrer au pied du rocher qui lui sert de base, lorsque vers 1890, M. le marquis de Vassart, agissant au nom du propriétaire, M. le Comte Delaire de Cambacérés, son beau-fils, fit fermer les brêches du mur d'enceinte et consolider tout ce qui pouvait crouler. D'autres travaux s'imposent encore. Espérons que le propriétaire actuel saura faire le nécessaire pour conserver ce spécimen d'architecture féodale de l'une des plus curieuses forteresses du Bourbonnais.

Les autres biens nationaux du comte de Douzon situés sur Montaigu ou achetés par des habitants comprenaient : un bois taillis à Rigny, vendu à Claude Desrolines et Mayeul Beurrier pour 12.000 livres ; à Chervin un autre bois pour 8.000 ; à Delaire une terre et une futaie pour 21.000 ; à Devaux Louis une terre pour 9.100 livres.

Les meubles furent vendus 17.085 livres.

Virotte acheta les biens de la fabrique de Ciernat 17.000 livres. Dans cette vente était comprise l'église de Montaigu.

Les meubles de Soalhat, curé de Ciernat, produisirent 2.458 livres. Acquéreurs : Beurrier, Maréchal, Sayet, Moulin, Desrolines, Coursol, Michelet, Virotte, Berthet, Chabert, Pouillien, Ray, Delaire, Emery, Chevalier Martin, Richon, femme Anne Galien.

La vente de ceux de Burelle, ci-devant curé de Montaigu, s'éleva à 4.000 livres. Acquéreurs : Delaire, Fournier, Lacroix, Desrolines, Mauprety, Dulignier, Nicolas, Berthet.

Les biens de la cure de Boucé situés sur Montaigu furent vendus : 14 œuvres de vignes au terroir des Bornes, à Montaigu-le-Blin, 1.750 livres à Virotte ; 6 œuvres au terroir de Larras, 900 livres, à Guillaume Ratinier ; un pré au terroir des Grands Prés, 1.825 livres à Mayeul Beurrier ; 13 coupées de terre à Salignant, 1.750 livres à Virotte, 9 coupées au même terroir des Charmes, 1.725 livres à Delaire des Pérards et Delaire médecin ; 12 coupées au même terroir 1.130 livres à J. Delaire ; 14 coupées au terroir des Grands-champs, 1.600 livres à Mayeul Beurrier ; 14 coupées au terroir de Courbe, 225 livres à Féjard ; 18 coupées au terroir du Champ-Gadet, 1.100 livres à Virotte.

Ces prix paraissent relativement élevés, mais il ne faut pas oublier qu'ils étaient payables en assignats qui perdaient à cette époque 40 pour 100 de leur valeur.

Grégoire Beurrier était le fils aîné de Mayeul Beurrier, fermier à Montaigu, un des six notables de la municipalité, et de Anne Cindron. En 1783, nous le trouvons à Calvi, soldat au régiment de Beauvoisin. D'une lettre qu'il écrivit à ses parents, nous extrayons les passages suivants :

« Calvi, le 17 Novembre 1783.

« Cher père et chère mère,

« J'ai reçu votre lettre qui m'a fait un sensible plaisir d'apprendre de vos nouvelles, j'ignore ce qui l'a pu retarder, ne l'ayant reçue que 3 mois après sa date.

Je vous remercie des bontés que vous avez pour moi ; j'ai communiqué à mon capitaine à qui j'ai eu l'honneur de parler, le dessein avantageux pour moi, où vous êtes de me racheter mon congé. Il est vrai que je le désire bien, mais mon capitaine m'a observé qu'il était bien plus à propos d'attendre que le régiment rentrat en France parce qu'en ce moment il y a trop de malades ici, mais qu'en attendant je pouvais vous prier de parler à M. de Chauvigny qui écrirait au major pour me faire avoir un congé de semestre actuellement, et qu'alors étant auprès de vous, et à portée du lieutenant-colonel, il me serait facile d'obtenir mon congé et qu'il m'en coûterait pas tant qu'à présent. »

Le métier des armes lui souriait donc médiocrement à cette époque, mais plus tard, étant dans ses foyers, il assista aux événements qui ont donné naissance au nouveau régime : liberté d'opinion, égalité des citoyens devant la loi, etc...... Il apprend aussi que les souverains qui nous entourent, inquiets pour leurs trônes et leurs privilèges, veulent s'opposer les armes à la main à ce que nous poursuivions l'œuvre que nous avons entreprise. Alors il n'hésite pas à abandonner sa famille et son pays pour s'enrôler dans les rangs des volontaires qui courent à la frontière menacée. Il s'y comporte bravement et honnêtement, ainsi que le prouvent ses lettres authentiques ; alors les soldats de son régiment qui ont pu juger ses qualités l'élèvent au grade de lieutenant.

C'est avec ce grade qu'il succomba dans les luttes fratricides de la Vendée, où il fit jusqu'au bout son devoir

Une rue de Montaigu porte le nom de Rue Beurrier. Nous voudrions croire, sans pouvoir l'affirmer, que ce fût une hommage rendu par la municipalité de l'époque à ce brave volontaire de l'an II.

Ses lettres n'ont pu être publiées dans l'ouvrage intitulé : Les levées départementales dans l'Allier, par le lieutenant-colonel Dulac, celui-ci n'en ayant pas eu connaissance. Les voici par ordre de date, en ne reproduisant pour chacune d'elles que les passages les plus intéressants.

« Du camp de Lauterbourg, le 17 Août 1792, l'an 4 de la liberté.

« Mon très cher père,

« Je vous dirai qu'on nous a fait partir de Maëstricht pour « aller à la poursuite de nos brigands d'émigrés et des troupes « autrichiennes.

«......On vient avertir qu'un grand nombre de uhlans « avaient attaqué une grand'garde de nos dragons et que le « régiment de ces braves patriotes en était venu aux mains avec « eux....... chacun de nous ne désirait que le moment de se « voir à portée du fusil pour pouvoir mesurer notre courage « avec le leur.

« Malgré que les dragons fussent inférieurs à eux par le « nombre, ils leur ont été supérieurs par la force et le courage ; « ils en ont tué une grande quantité et ont forcé les autres à « chercher leur salut dans une fuite honteuse.

«.......On peut les comparer aux assasins qui sont toujours « dans les bois et ne sortent qu'à la nuit tombante pour faire « leur coup, il n'y a eu que leur première attaque qu'ils ont « fait de jour, mais toutes les autres, ils n'ont cherché que les « ténèbres.

«.......Je conseillerais à mon frère d'aller trouver la muni- « cipalité et de s'engager dans le régiment où je suis ; je ne « crois pas qu'il voudrait rester dans ses foyers tandis que les « défenseurs du droit de l'homme sont en danger, et sans vou- « loir partager avec eux la gloire et les lauriers dont ils seront « un jour couronnés.

«......Comme nous savons ici qu'il y a des aristocrates en « France qui sont assez charitables pour faire courir le bruit « que toute l'armée du Rhin a été massacrée, je suis bien aise « de vous ôter cette opinion, et j'étais bien aise de savoir si « mon frère aurait eu assez de courage pour embrasser le parti « des armes, car on doit tout abandonner lorsqu'il s'agit de « secourir la patrie quand elle est en danger.

« Vous voudrez bien assurer les MMrs Virotte de mes « respects, et vous direz aussi à M. Desrolines qu'il y a plu- « sieurs chasseurs du 8e régiment qui lui font bien des com- « pliments.

« Votre très humble et très obéissant serviteur et fils.

Grégoire **BEURRIER**, grenadier.

« De Spire, le 8 octobre 1792, l'an 4 de la liberté.

«........Je suis charmé d'apprendre que mon frère soit lieu-
« tenant dans la garde nationale ; quant à moi le poste où je
« suis me charme autant, d'autant plus que je suis à défendre
« la patrie et que lui, au contraire reste dans l'inaction.

«........Le 30 du mois de septembre, on nous a fait mar-
« cher vers l'ennemi. Jamais la joie n'a tant régné dans l'ar-
« mée que ce jour, il semblait que l'on allait à une noce tant
« le soldat français désirait mesurer son courage avec eux.
« Nous avions des routes abominables, mais il semblait que
« l'on marchait sur des roses.

« Notre armée s'avançait fièrement vers la ville de Spire,
« refuge des traîtres et perfides gentilshommes jadis.

« Un coup de canon chargé à poudre seulement les som-
« me de se retirer, ils y répondent à boulets........on n'entend
« que coups de canon réitérés accompagnés de ces exclama-
« tions : Vive la Nation ! ce qui sème encore davantage l'é-
« pouvante dans le cœur des ennemis.

«........Lorsque notre général a su qu'ils avaient fui, il
« vole à leur poursuite, et bientôt ils sont obligés de rendre
« les armes ou de se jeter à la nage dans le Rhin. Plusieurs
« ont préféré cette mort, mais on soupçonne que ce sont les
« Français émigrés.

« Persuadez les amis à qui vous communiquerez ma
« lettre que les bœufs pris sur l'ennemi sont très bons, il faut
« qu'ils aient pris bien soin pour les engraisser.

« De Mayence, 24 octobre 1792.

«........Vous pourrez faire voir la lettre que je vous envoie
« à M. Lavarenne, fermier au château de la Bêche et l'as-
« surer de notre part que quand les ennemis nous obligeront
« à quitter les villes que nous leur avons prises ce ne sera que
« quand ils auront fait de nos cadavres un pont pour passer le
« Rhin, ce qui est impossible.

« Adresse : Grenadier au 3e régiment, armée du Rhin, sous
« les ordres de M. Custine.

Autre lettre de Mayence.... ....« Je vous fais cette répon-
« se à la descente du bivouac, à la barbe de l'ennemi. Il
« n'y a rien eu de nouveau, mais nous espérons au premier
« jour avoir un bal national ensemble.

Armée des Vosges à Mayence

« De Tours, le 26 Août 1793, l'an 2 de laRépublique.

«........Depuis les 42 jours du bombardement de la ville de
« Mayence, le feu ne cessait que pour enterrer les cadavres, et
« recommençait de nouveau. Celui qui était dans son logement
« n'était pas plus à l'abri du danger l'un que l'autre car au mo-
« ment où l'on croyait prendre du repos c'était souvent l'heure
« où il fallait marcher.

«........J'ai été atteint par une balle au bras, mais légère-
« ment. Plusieurs fois j'ai bien manqué, car mon chapeau,
« mon habit, ma giberne m'ont été coupés et troués sur mon
« corps.

« Je n'ai rien autre chose à vous marquer pour le présent
« sinon que nous allons combattre les brigands de la Vendée.»

BEURRIER, officier dans la légion des francs.

« De Nantes, le 28 septembre, l'an II de la République « Française.

«........Depuis que nous sommes dans la Vendée, nous ne « couchons qu'au bivouac.

« Si je suis zélé pour mon service, j'ai des chefs qui sont « reconnaissants à mon égard, j'ai l'amitié de tous mes cama- « rades, depuis le premier capitaine jusqu'au dernier des « chasseurs. Ils m'en ont donné de nouveaux témoignages le 8 « du présent mois, ils m'ont nommé lieutenant, et plusieurs « capitaines voulaient m'avoir, ce qui doit vous prouver que « ma conduite n'est pas comme vous me l'avez reproché tant « de fois. »

BEURRIER, lieutenant de la 4e compagnie.

Montaigu - Ciernat - St-Etienne-du-Bas
Eglises de Montaigu et de Ciernat

Ce qui forme aujourd'hui la superficie de Montaigu était réparti autrefois sur trois communes qui formaient avant la Révolution les trois paroisses de Montaigu, Ciernat et St-Etienne-du-Bas, et c'était Montaigu la moins peuplée, sinon la plus petite.

Il ne nous a pas été possible jusque-là d'établir la délimitation exacte des trois communes. Peut-être quelques chercheurs locaux pourront recueillir un jour des documents leur permettant de le faire. Nous savons seulement que St-Etienne-du-Bas, dont le siège paroissial était entre St-Gérand-le-Puy et Sanssat avait une configuration des plus singulières, puisqu'elle s'étendait jusqu'aux Morets, et comprenait Presle et Chervignière.

Ciernat possédait Poncenat, Puydigon et Beaurepaire, réunis à Montaigu, et Chantegret, réuni à St-Gérand. Elle était limitée au nord par le chemin des Vignons à Chante-Alouette.

En 1790, ces paroisses furent érigées en communes ayant chacune leur municipalité.

En 1812, celle de Montaigu avait comme maire : Delaire, adjoint : Féjard. Ciernat, Maire : Fournier, adjoint : Berthet. St-Etiene-du-Bas, maire : Debertet, adjoint : Thérin.

Leurs populations respectives comprenaient :

Montaigu-le-Blin,	288	habitants
Ciernat	355	»
St-Etienne-du-Bas	520	»

A cette époque il y avait comme membres du collège électoral de l'arrondissement de Lapalisse : Féjard Odile de Montaigu-le-Blin, et Fournier Gilbert de Ciernat.

C'est en 1832 que les communes de Ciernat et St-Etienne-du-Bas furent supprimées et leurs territoires partagés entre St-Gérand et Montaigu. Leurs registres paroissiaux : naissances, mariages, décès qui datent de 1608 pour Ciernat et 1631 pour St-Etienne, furent versés à Montaigu, et il ne paraît pas que ces modifications aient soulevé des protestations de la part des populations.

Malgré leur peu d'importance, il est assez curieux de constater que chacune possédait un notaire. En 1652, c'était Thomasset à Ciernat. A Montaigu, il y a eu Ray, dont les minutes sont conservées à la chambre des notaires de Moulins.

Il y avait également en 1809 un percepteur à vie pour les communes de Montaigu, Ciernat et Boucé. Il se nommait Burelle. Ses quittances sont datées de Varennes.

Ciernat a maintenu presque jusqu'à nos jours sa fête patronale qui se célébrait le 15 Août. Les sentiments religieux de Mlle de Berthet, propriétaire de l'anciene maison seigneuriale de Puydigon et de la Chapelle privée de Ciernat qu'elle avait fait convenablement restaurer, lui faisaient une obligation de continuer la tradition par la célébration d'une messe à laquelle les habitants de l'ancienne paroisse se faisaient un devoir d'assister. Le soir, des jeux divers, un bal très animé et des rafraîchissements se trouvaient sur la vaste place de Ciernat, où aimaient se rendre les jeunes gens venant des bourgs voisins. Mais depuis la mort de Mlle de Berthet, survenue en 1906, cette coutume a disparu. Il n'a été maintenu que celle de sonner l'angélus trois fois par jour.

Liste des Maires de Montaigu

Michel Virotte	1790
Antoine Delaire	1794
Martillat	1815
A. Delaire, oncle	1823
Féjard Pierre	1837
Périer François	1844
Delaire Antoine, neveu	1848
Dancourt Hippolyte	1851
Virotte Sébastien	1870
de Vassart d'Hozier (Marquis)	1874
de Vaulx Augustin	1878
de Vassart d'Hozier	1890
de Vaulx Augustin	1899

Nous avons vu à la vente des biens nationaux que l'église de Montaigu avait été achetée par Michel Virotte. Après le rétablissement du culte, nous ignorons quelles transactions intervinrent pour qu'elle se trouvât appartenir dans des proportions différentes, aux trois familles Virotte, Gomot et de Vaulx, la première restant propriétaire de la moitié. Une offre de l'église à la commune ayant été faite sous la Restauration avec certaines réserves n'eût pas l'approbation préfectorale, de sorte qu'elle continua d'être propriété privée tout en étant livrée à l'exercice public du culte. L'entretien en fût assuré par le budget communal, des dons particuliers et des souscriptions publiques.

L'église de Montaigu, dite église Sainte-Anne, du nom de la patronne de la paroisse, n'a qu'une seule nef, qui a subi des transformations, mais si son voûtage est moderne, elle a conservé quelques-uns de ses chapiteaux romans. La porte principale, percée sur la façade, ne manque pas de caractère avec ses trois gros boudins de l'archivolte reposant sur les six colonnes de l'ébrasement.

A l'intérieur, une statue en pierre du XVIe siècle représente Sainte-Anne et la Vierge.

Une Pieta en bois du XVIIe siècle semble mériter une mention spéciale

Quant à la chaire, classée par mégarde parmi nos Monuments historiques, elle n'a d'ancien que quelques sculptures de personnages encastrés dans la menuiserie qui est toute du XIXe siècle.

Une partie du mobilier est constituée par une double rangée de stalles fermées, à trois ou quatre places, de chaque côté de la nef, et disposées parallèlement face au chœur. Au nombre d'une quinzaine, elles sont réservées aux anciennes familles seigneuriales, bourgeoises ou notables de la localité.

A l'extérieur, de chaque côté de l'abside, sont détachées en relief au nombre de huit, quatre de chaque côté, des têtes grossièrement taillées dans la pierre du pays et représentant des personnages difficiles à déterminer. On peut supposer que ces sculptures proviennent peut-être d'une église antérieure à celle existant, et qu'on a imaginé ce moyen de les conserver.

Autour de l'église s'étendait, comme partout, le cimetière. La petite place située à l'est y a été affectée jusqu'en 1840, époque à laquelle il fut transporté là où il est actuellement, c'est-à-dire au sud du bourg alors que, dans un but d'hygiène, on les installe plutôt au nord des agglomérations.

Mais il faut croire que d'autres parties du cimetière avoisinant l'église avaient été depuis longtemps désaffectées, car on a mis à jour, en fouillant l'emplacement de maisons déjà très anciennes (immeubles Pingusson), des quantités importantes d'ossements humains.

Ajoutons aussi que le chœur de l'église renferme des caveaux où ont été inhumés les principaux seigneurs de Montaigu dont nous pouvons citer Gilles de Bracher, seigneur de la Jarousse.

Enfin, depuis 1896, une horloge publique a été installée dans le clocher, le cadran face au bourg.

La vieille église de Ciernat est un petit sanctuaire de style roman couronnant une motte antique, et dans lequel on peut voir le reste d'une seigneurie primitive dont nous n'avons nulle mention.

En 1300 et 1342, on trouve les aveux que rendent d'un hôtel de Ciernat, Aymon et Hugues Restif, dits, le premier, d'une noblesse douteuse, et le second damoiseau.

Cet hôtel des Restif pourrait être celui qui existait au bas du parc actuel de M. Grellet-Dumazeau ; il en subsiste plusieurs traces, notamment le colombier, encore bien conservé parce que bien entretenu, ainsi que les restes d'un fossé plein d'eau. Quant aux droits seigneuriaux qui auraient pu constituer le fief de Ciernat, ils étaient depuis 1567 — et probablement depuis bien plus longtemps — réunis à Poncenat, dont ils faisaient encore partie à la Révolution.

La paroisse de Ciernat ayant été supprimée pour être réunie plus tard à Montaigu, son église fut déclarée bien national et vendue comme tel.

Après estimation de l'immeuble, la vente fixée au 7 germinal an VII fut, à défaut d'acquéreur, ajournée au 18 du même mois, et annoncée comme il suit : affiche n° 16, l'article 53 consiste en la ci-devant église de Ciernat, canton de St-Gérand-le-Puy, estimée à raison de 40 fois le revenu annuel, la somme de seize cents francs.

Pendant le premier feu, le citoyen Moulin en offre deux mille francs. Au second feu, le citoyen Gonin la pousse à cinq mille.

Au troisième, le citoyen Lomet va de six à onze mille francs.

Aucune enchère n'ayant été faite sur deux autres feux, le citoyen Jacques Lomet (le domicile n'est pas encore indiqué) est déclaré adjudicataire.

Cette adjudication n'a pas dû être approuvée puisque l'immeuble a été plus tard attribué à l'Hospice de Vichy comme représentant un capital de six cents francs. L'hospice fut envoyé en possession sans conteste ; seulement la commune de Montaigu réclama plus tard et fut remise en possession du cimetière.

Les administrateurs ne sachant trop que faire de cette attribution hors de surveillance l'avaient quelque peu négligée ; avant que la commune de Montaigu ait revendiqué et obtenu la possession du cimetière, ils en avaient tiré parti comme sol. On trouve de 1810 à 1812 un sieur Daguenet Jean, fermier à raison de 12 francs par an pour la récolte de l'herbe.

Les habitants de la section de Ciernat ayant conservé le culte du souvenir pour leur ancienne église y firent quelques réparations d'entretien, et en 1825, M. de Berthet la dota d'une cloche portant cette inscription : « M. de Berthet de Puy-Digon, a fait faire cette cloche le 20 juillet pour la commune de Ciernat, département de l'Allier. Chevalier à Lyon 1825. »

Dans une lettre du 23 mars 1864, M. Grellet-Dumazeau, président à la Cour impériale de Riom, propriétaire à Ciernat, dépeint le mauvais état des bâtiments comme ayant besoin d'urgentes réparations.

Quelques années plus tard, à la suite de nouvelles informations, MM. les administrateurs chargent leur secrétaire d'aller visiter l'immeuble, en faire la description et une estimation provisoire.

L'édifice se composant de la nef, avec une chapelle en bas côtés, et du chœur, mais la sacristie était déjà écroulée et le reste menaçait ruine. Le faîtage de la toiture ainsi qu'une partie du lambris servant de plafond laissaient à découvert toute la nef dont le dallage était sensiblement affaissé vers le caveau.

Deux autels en pierre, une table de communion en bois découpé, un tableau sur bois peint à la détrempe encore fixé à la muraille, au-dessus de la porte d'entrée ; dans un angle, les traces d'une cheminée, voilà tout ce qui restait dans l'intérieur.

Au-dessus du pignon, côté Est, opposé à l'entrée, se trouvait un clocher en bois étayé de partout, faisant corps avec la charpente, et abritant plus mal que bien, du soleil et de la pluie, la cloche dont il a été parlé.

Vers l'entrée du chœur, côté de l'épître, on remarquait une dalle, munie d'un anneau en fer, recouvrant un caveau de sépulture.

Le sol et la construction furent estimés de deux cent cinquante à trois cents francs et l'affaire en resta là.

Le 15 décembre 1870, M. Virotte-Ducharme, maire de Montaigu-le-Blin prévint le Sous-Préfet de Lapalisse que ce qui restait de l'église venait de s'écrouler, et signale le danger pour les enfants du hameau voisin qui seraient tentés de pénétrer dans les ruines.

Des préccupations plus graves ayant ajourné la vente, l'architecte de l'hospice reprit le projet en 1872. Dans son rapport il ajoute que la chute de la charpente et des voûtes a brisé ls dalles du caveau, que les bières ont été réduites en morceaux et les squelettes mis à nu.

Enfin la vente, autorisée par arrêté préfectoral du 17 mars 1873 a lieu le 20 avril suivant. Sur la mise à prix de 325 fr., M. Nicolas, docteur en médecine à Vichy est déclaré adjudicataire pour la somme de 340 fr. Il déclara séance tenante avoir fait cette acquisition pour le compte de Mlle Louise de Berthet, d'après une procuration.

Aussitôt en possession de l'église, Mlle de Berthet la fit reconstruire à neuf dans son style primitif, le sol fut dallé en ciment sans interruption de sorte que l'on ne remarque plus aucune trace extérieure des anciens caveaux des sépulture.

Ces caveaux avaient été fondés en 1604 par Jean et Antoine De Laire, tous deux frères, fils de Jean, sieur De Laire, en Auvergne, et de dame de Saint-Pardoux.

Furent inhumés :

en 1647. Thomas De Laire, âgé de 75 ans.
1671. Jean De Laire, sieur de la Jarousse.
1673. Madeleine Mareschal, décédée chez la Dame de Chazerat, sa fille, au château de Gondailly.
1673. Gilbert, fils des deux précédents, prestre et chapelain du Baron de Poncenat .
1674. Claude, âgé de 48 ans.
1700. Charles, époux de Jeanne de Brachet.
1710. Jean, châtelain de Montaigu.
1724. Antoine, sieur des Blanchards.
1745. Marie-Anne De Laire, épouse de noble Féjard.
1765. Antoine, sieur de la Boulaise.

Un édit ou ordonnance royale de 1778 ayant interdit les inhumations dans les églises, il est à présumer que les derniers inscrits sur la liste précédente furent les derniers inhumés, auxquels on doit joindre François Du Buysson de Douzon, decédé au château de Poncenat en 1869. (« Une page sur Vichy ». G. Decoret).

Les Ecoles

Avant la Révolution, l'enseignement public n'existait pas et les campagnes étaient dépourvues de toute instruction. Lors de la constitution de la municipalité de Ciernat, sur 37 citoyens actifs, il n'y en avait que trois qui possédaient une instruction suffisante pour l'époque : le curé Soalhat, Berthet de Puydion, et Fournier de Beaurepaire. Tous les autres ne pouvaient signer leur nom.

A Montaigu, les lettrés étaient plus nombreux. Il y en avait au moins six. C'étaient avec le curé, des nobles et des bourgeois.

L'Assemblée constituante commença de jeter les bases d'un enseignement gratuit, œuvre qui fut continuée par la Législative et la Convention. Par décret du 30 vendémiaire, an II (21 octobre 1793), celle-ci institua des écoles primaires dans lesquelles « les enfants reçoivent la première éducation physique, morale et intellectuelle la plus propre à développer en eux les mœurs républicaines, l'amour de la patrie et le goût du travail ». (Art. 2).

Il devait y avoir une école par commune de 400 à 1500 habitants. Montaigu ayant une population inférieure à ce chiffre, la création d'une école ne fut pas envisagée.

Faute de ressources ou de bonne volonté, les gouvernements qui succédèrent à la Convention abandonnèrent ses idées généreuses. Ce n'est que vers 1825 que s'ouvrit la première école de Montaigu avec l'instituteur Puy, dans la maison habitée aujourd'hui par M. Choisy. Les élèves des deux sexes y étaient peu nombreux car il fallait payer une rétribution scolaire, et l'aisance était loin de régner dans les familles.

L'enseignement était tout à fait élémentaire, et la discipline était rude ; les punitions corporelles étaient largement distribuées, soit avec le nerf de bœuf, soit avec la baguette de noisetier.

M. Méchin, qui vint vers 1834 en usa moins que ses prédécesseurs, ses élèves avaient cnservé de lui un bon souvenir. Il faisait la classe dans la Mairie qui fut bâtie à cette époque.

En plus de la rétribution des élèves, Méchin reçut un traitement fixe de 200 fr. garanti par l'Etat. C'était encore peu pour subvenir aux besoins que lui imposait sa situation, aussi l'instituteur, pour l'améliorer, cumulait-il une foule d'emplois étrangers à sa profession. M. Méchin, et surtout M. Bauculat, son successeur, furent simultanément secrétaire de mairie, chantre à l'église, précepteur dans quelques familles, gérant du télégraphe à dater de 1869, comptable chez quelques commerçants, agent d'assurances. M. Méchin fut aussi buraliste.

L'instituteur était aussi le secrétaire de tous ceux qui avaient une correspondance à faire. Les cubages, les arpentages étaient faits par lui.

Dans ces conditions, l'école était mauvaise, les élèves étaient trop livrés à eux-mêmes. Les moyens et les commençants recevaient leurs leçons des moniteurs, aussi n'y avait-il que les plus favorisés qui savaient lire, écrire et compter.

A mesure que le besoin d'instruction se faisait sentir et que l'aisance pénétrait dans les familles, le nombre des élèves augmentait. Bientôt le local ne put tous les recevoir. Aux environs de 1864, la commune fit bâtir la partie qui sert actuellement de logement à l'instituteur et de salle de classe.

Jusqu'en 1874, l'école de Montaigu a été mixte. Cette année-là, le Marquis de Vassart d'Hozier créa, où elle est actuellement l'école privée de filles dirigée par des sœurs de la Providence de Portieux (Vosges).

La tâche de M. Bauculat fut allégée : désormais il n'eut plus que les garçons sous sa direction.

Bien qu'ouverte à tous, l'école de filles n'en était pas moins une école privée : Un certain nombre de pères de famille indépendants désiraient une école publique placée sous le contrôle et la surveillance de l'Inspection académique. Invoquant une loi déjà ancienne de 1866 qui oblige les communes de plus de

500 habitants à avoir une école de filles, ils firent une demande sous forme de pétition au Conseil général pour obtenir la création d'un poste d'institutrice laïque.

La décision de l'Administration ne se fit pas trop attendre. A la rentrée des classes de 1890, le poste était créé, et Mlle Thévenin était nommée institutrice publique à Montaigu.

L'école s'ouvrit avec 5 élèves. Elle en comptait 25 trois ans plus tard.

Comme elle était installée dans des conditions défectueuses au point de vue de l'hygiène et que le logement de l'institutrice était tout à fait insuffisant. l'Administration intervint auprès de la commune pour obtenir la construction d'une salle de classe qui fut ouverte aux élèves pour la rentrée d'octobre 1901.

Cette même année, une loi qui interdisait l'enseignement aux congréganistes ayant été promulguée, l'école publique reçut peu à peu toutes les élèves qui fréquentaient l'école privée, mais trois ans après, les congréganistes ayant été autorisés à se séculariser et à enseigner de nouveau, l'école privée fut réouverte aux élèves qui la fréquentaient autrefois, et celles-ci en reprirent le chemin, de sorte que l'instruction des filles se partage toujours en deux enseignements.

Après la mise en application de la loi de 1882 sur l'enseignement gratuit et obligatoire, le nombre des élèves à l'école des garçons s'éleva de 60 à 70, et même 80, chiffre trop élevé pour un seul maître qui usait ses forces sans obtenir de résultats. La création d'un poste d'instituteur-adjoint se faisait vivement sentir, mais la demande souvent renouvelée depuis 1886 ne reçut de solution que le 27 juin 1893.

L'adjoint fut installé au mois d'octobre suivant dans la salle de classe actuelle partagée provisoirement en deux par une cloison qui existe encore.

INSTITUTEURS DE MONTAIGU

MM. Puy, Petit, Méchin 1834-1844, Bauculat J.-Pierre 1844-1879, Bauculat J.-Baptiste 1879-1887, Valadas Léonard 1887-1913, Buvat Frédéric 1913.

Instituteurs adjoints : MM. Enreille, Payant, Protar, Arnaud, Gouthéraud, Mauvezin, Lafaure, Mme Buvat.

INSTITUTRICES PUBLIQUES

Mlle Thévenin, 1890. Mlle Ferracci, 1901, Mme Lafaure, 1906, Mlle Vacheron, 1913.

Routes et chemins - Leurs fréquentations
Poste et Télégraphe

En 1860, la commune ne possédait aucun chemin carrossable. Ceux qui existaient, mal entretenus avec de mauvais matériaux étaient presque toujours coupés d'ornières profondes et de flaques d'eau.

Le meilleur et le plus fréquenté était celui de St-Gérand, dont l'empierrement avait été fait dit-on par le seigneur de Poncenat. Le bourg de St-Gérand était très important et animé avant la construction des chemins de fer ; il y avait un relai de poste où s'arrêtaient les diligences et postillons, le commerce y était relativement considérable et les habitants de Montaigu y allaient fréquemment pour vendre leurs produits au marché du mercredi, ou faire leurs provisions de ménage. Les foires y étaient également importantes ; c'étaient celle des Rois, 6 janvier, de la St-Julien, 26 août, et de la St-André, 30 novembre.

Lapalisse était, après St Gérand, le débouché le plus important de Montaigu, mais le chemin pour s'y rendre était mauvais en tout temps, et impraticable l'hiver. Aussi tous les chargements à destination de cette localité prenaient-ils le chemin de St Gérand pour, de là, prendre la route royale(ou impériale) que Nicolaï appelait déjà, en 1569 « le grand chemyn de Paris à Lyon ». On y conduisait surtout le blé, les bestiaux, le chanvre, etc. La foire du 12 mars était la plus importante de la région, et sa réputation s'étendait fort loin.

Nos ancêtres fréquentaient aussi beaucoup d'autres foires qui ont bien perdu de leur importance, ou même disparu. On allait à la foire de Servilly le 23 avril, de Rongères le 21 juillet, de Treteau le 22 septembre. En revanche on venait à Montaigu pour notre grande foire du 3 juin. Comme toutes ces foires se tenaient pendant la belle saison, on envisageait moins le mauvais état des chemins.

Presque tout le monde allait à pied. Bien rares, à part les maisons nobles et bourgeoises, étaient celles qui avaient une voiture à deux ou quatre roues. Les meuniers avaient bien de mauvaises charrettes, mais la plupart du temps ils étaient obligés de transporter les fournées à dos de cheval, les chemins de la campagne étant impraticables.

Il est difficile d'imaginer les moyens de locomotion employés dans ces temps reculés. Le plus usité était la charrette attelée de deux vaches quand il s'agissait d'aller à la foire ou au marché, vendre ou acheter des provisions. Ceux qui allaient à pied suivaient rarement les chemins fréquentés par les voitures à cause des fondrières qui s'y rencontraient ; ils empruntaient des sentiers pour piétons tracés soit parallèlement au grand chemin, soit à travers champs pour abréger la distance.

Quand on avait un voyage à pied à faire la nuit, on allumait une torche de paille appelée brande (mot qui vient de Brandons). Si le voyage était un peu long, on en emportait deux ou trois sous le bras pour remplacer celle qui s'éteignait.

C'est en 1865 que commença la construction du chemin de Grande Communication n° 32, allant de Laferté-Hauterive à Lapalisse. Il avait pour but de relier la route nationale n° 106 de Moulins à Nîmes à la route de Dompierre à Lapalisse en desservant les communes et bourgs de St-Gérand-de-Vaux, Montoldre, Boucé, Montaigu-le-Blin et Servilly.

Il fut achevé en 1868 après avoir rencontré beaucoup de difficultés de la part des propriétaires dont les terres étaient traversées. Et cependant il offrait des avantages considérables, la commune était reliée à Lapalisse,grand centre d'activité, et à Varennes, chef-lieu cantonal, où nos habitants sont souvent appelés.

En 1881 se construisit le chemin d'intérêt commun de Cindré, commune dont le bourg est distant de 7 kil. seulement, mais avec lequel les relations étaient impossibles faute d'un bon chemin pour s'y rendre.

Enfin, en 1891 fut achevé et classé le chemin de St-Gérand. Les autres chemins, quoique n'étant pas carrossables ne sont pas défoncés, toutefois la grosseur de l'empierrement ne permet pas à l'attelage de trotter, et la pierre calcaire qu'on emploie étant de nature friable ne résiste pas longtemps à une fréquentation un peu intense.

Les chemins vicinaux empierrés sont :

1°. Le chemin de Montaigu à Rigny, aboutissant à la halte de ce nom et à la route de Boucé à Cindré.

2°. Celui de la Jarousse.

3°. Le chemin de Champagne à St-Gérand-le-Puy.

4°. Le chemin de Beaurepaire.

5°. Le chemin de Ciernat à la route de Lapalisse.

6°. Le chemin de Rongères, entièrement construit jusqu'à la limite de la commune.

D'autres de moindre importance sont en voie d'amélioration ou en projet d'exécution.

La commune affecte à l'entretien de ses chemins :

1°. les journées de prestations, toutes acquittées en nature, produisant 2.646 fr.

2°. cinq centimes qui produisent 458 fr.

3°. le travail du garde champêtre en dehors de ses heures de service.

4°. une somme variable chaque année pour achat de pierre.

Avant 1830, Montaigu, comme toutes les communes rurales, n'avait pas de facteur. Les particuliers ne pouvaient recevoir leurs lettres qu'en les faisant prendre à leurs frais au bureau de poste de St-Gérand-le-Puy. Si les lettres qu'ils attendaient n'étaient pas encore arrivées il fallait recommencer le voyage.

Le 1er avril 1830, cinq mille facteurs furent créés pour recueillir et distribuer les lettres au moins une fois tous les deux jours dans toutes les communes de France.

Cette mesure mit fin à l'isolement dans lequel se trouvaient placées les populations des campagnes. Le facteur de Montaigu desservait dans la même tournée Cindré. Le lendemain, il distribuait et recueillait les correspondances de Langy et de Sanssat.

Si la tournée était longue, la correspondance était peu volumineuse. La campagne n'avait aucune correspondance. Seuls, les quelques commerçants de la localité, les bourgeois et les familles qui avaient un fils sous les drapeaux recevaient quelquefois la visite du facteur.

En 1869, la localité fut reliée à Lapalisse par un bureau télégraphique. Les frais d'installation s'élevèrent à 1.500 fr. et furent couverts par une souscription ouverte par M. Grellet-Dumazeau. Il fut géré au début par M. Bauculat, instituteur jusqu'en 1887, puis, à partir de cette date, par Mme Valadas jusqu'en 1912.

En 1902, la municipalité de Montaigu-le-Blin avait pris une délibération, demandant la création d'un burau de poste géré par un facteur receveur, mas pendant assez longtemps l'Administration ne put donner satisfaction à cette demande, parce que la commune était primée par d'autres dont le rendement postal était supérieur.

Cependant, par suite de l'abaissement des taxes d'affranchissement et du développement normal de toutes les correspondances, le courrier quotidien devenait de plus en plus volumineux. De nouvelles demandes furent faites à la suite desquelles le Sous-Secrétaire d'Etat des Postes et des Télégraphes, par arrêté du 22 juin 1912, autorisait la création d'un établissement de facteur-receveur dans la commune.

Par arrêté préfectoral, M. Chicon, facteur-receveur à Molinet en était nommé titulaire, et le 16 novembre suivant, il était ouvert au public dans un local provisoire loué pour la circonstance, ainsi que le bureau télégraphique qui y fut annexé le même jour.

En même temps la construction d'un bureau édifié selon les règles administratives fut de suite étudiée, un emprunt voté, et le 10 novembre 1913, le nouveau bureau, très bien aménagé, inaugurait ses services en même temps qu'il orne un des coins de notre belle place.

Voici les facteurs qui ont passé à Montaigu :

Bain, Guyot, Pourcheresse Etienne, Ragonet, Emery Saturnin, Valette Jean en 1901.

Population - Sa répartition
Commerce et industrie
Société de secours mutuels
Sapeurs-Pompiers - Syndicat paragrêle

Nous croyons que la population de Montaigu n'a pas beaucoup varié depuis un siècle, mais avant que la commune ait reçu les limites qu'elle a aujourd'hui, elle était bien inférieure. Nous ne pouvons donner que les chiffres postérieurs à 1831.

Année 1836, 960 habitants ; année 1841, 923 habitants ; année 1846, 965 habitants ; année 1851, 992 habitants ; année 1856, 965 habitants ; année 1861, 944 habitants ; année 1866, 994 ; année 1876, 961 habitants ; année 1881, 976 habitants ; année 1886, 1012 habitants ; année 1891, 987 habitants ; année 1896, 947 habitants ; année 1901, 918 habitants ; année 1906, 880 habitants ; année 1911, 877 habitants.

Sur 887 habitants qu'elle compte actuellement, environ 560 vivent de l'agriculture.

Le territoire agricole comprend 1130 hectares.

Trente quatre exploitations de 10 à 50 hectares prélèvent 840 hectares.

Sur ce chiffre, 26 exploitations, d'un total de 680 hectares sont cultivées en métayage (16 sont dirigées par des fermiers généraux et 10 par les propriétaires ou leurs régisseurs) ;

Sept exploitations sont affermées à des cultivateurs exploitants, pour 150 hectares.

Une de 10 hectares, est cultivée par son propriétaire.

Sur les 290 hectares restants, 50 hectares sont exploités par 20 petits propriétaires possèdant de 30 ares à 10 hectares, et 240 hectares sont répartis entre 90 exploitants, métayers et fermiers, se livrant pour la plupart à d'autres occupations.

Au physique les habitants de nos campagnes sont robustes, bien constitués ; leur taille dépasse la moyenne. Ils prennent de bonne heure une démarche lourde et traînante, particularité qui est due à la terre qui colle fortement à la chaussure quand il pleut.

On les désigne au dehors sous le nom de forterrains, ou habitants de la forterre, ce mot étant une abréviation qui veut dire forte terre, parce que la terre, par sa composition, sa consistance, et la résistance qu'elle offre à la charrue, est désignée en terme agricole sous le nom de terre forte. C'est le propre des terres argilo-calcaires, les meilleures pour la production.

La configuration géologique de cette contrée comprend tout ou partie des communes de Montaigu, Cindré, Boucé, Rongères, St-Gérand-le-Puy, Langy, Sanssat et St Félix, et leurs habitants sont désignés sous le nom général de forterrains.

Au moral, leurs qualités maîtresses sont le travail, l'ordre, l'économie, la propreté et l'hospitalité. Grâce à elles, la misère existe peu, et les malheureux sont secourus par des legs et fondations spéciales en leur faveur.

Ainsi l'hospice de Gayette distribue annuellement plus de 1000 kilos de pain à neuf ménages pauvres ou femmes veuves. Jusqu'à ce jour, les malades indigents, les vieillards au-dessus de 70 ans, et les orphelines y ont eu un asile assuré. Aussi peut-on dire que cet établissement, situé sur la commune de Montoldre, et fondé en 1694 par le sire Pingré de Farinvilliers, a rendu d'immenses services à toute la région environnante, et les malheureux honoreront toujours la mémoire de son fondateur.

Le conseil municipal distribue en outre tous les ans :

1° à deux indigents de bonne vie et mœurs une rente de 75 francs fondée par M. Virotte-Lafont.

2° Un rente de 200 francs fondée par M. Antoine Delaire.

Enfin les dernières lois d'assistance et de retraite sont venues compléter l'œuvre des philanthropes.

La population agricole comprenant environ les deux tiers de la population totale, l'autre tiers est composé des commerçants, artisans, et ouvriers de l'industrie principalement l'industrie chaufournière.

Autrefois ceux-ci étaient beaucoup moins nombreux mais depuis trente ou quarante ans, la proportion s'accroît de plus en plus au détriment de la population agricole.

Il y a quelque soixante-dix ans, la localité n'avait qu'une pauvre épicerie couverte en paille, tenue par le père Fournier, près de l'église. On n'y trouvait que des objets de première nécessité d'un usage journalier ; du sel qui valait cinq sous la livre, de la chandelle, des mèches de chaleu (lampe), des boutons, fil et aiguilles, des épingles, des articles de piété, du tabac, etc.

Beaucoup de petites communes rurales étaient moins favorisées.

C'est que la campagne vivait et s'entretenait de ses produits. On ne mangeait de la viande fraîche que le jour de la fête patronale, le mardi-gras et les jours de fête carillonnée. C'était la basse-cour qui en faisait les frais. Le café était inconnu de la campagne, le sucre très rare. On sucrait les tisanes avec le miel qui était très abondant.

L'auberge éait la deuxième maison de commerce du bourg. Là, on servait du vin, du café, et de l'eau-de-vie, du cassis et de l'eau de coings. L'établissement était très animé le dimanche en raison des jeux et divertissements de plein air qui se tenaient sur la place.

Les artisans étaient plus nombreux. Il y avait un maréchal, un charron, un menuisier, deux sabotiers, un tisserand, un tailleur à façon qui allait travailler dans les domaines à raison de douze sous par jour, et même un boulanger qui fournissait les maisons bourgeoises et les artisans.

Il y avait également un huilier qui se livrait presque exclusivement à la fabrication de l'huile de noix, dont la réputation méritée — et conservée — s'étendait fort loin. Les habitants de Lapalisse et au-delà venaient s'approvisionner d'huile à Montaigu.

Il y a toujours eu des maçons qui occupaient des ouvriers venant de l'Auvergne ou de la Marche. Quand l'hiver arrivait, ceux-ci retournaient dans leur pays pour revenir l'année suivante.

Les peigneurs de chanvre étaient des ouvriers nomades venant, pour la plupart, de la montagne Bourbonnaise. Comme leur nom l'indique, ils donnaient au chanvre la préparation nécessaire pour le mettre en état d'être filé par les femmes de la maison. Leur métier avait la réputation d'être malsain, le rouissage du chanvre dans l'eau stagnante et corrompue rendant celui-ci particulièrement insalubre.

Les scieurs de long étaient également étrangers au pays, ils venaient de l'Auvergne, côté d'Ambert, et n'étaient pas beaucoup plus sédentaires que les peigneurs. Ils nous quittaient, comme les maçons, une fois la saison terminée, mais un certain nombre des uns et des autres se sont établis dans le pays qu'ils ont fini par adopter complètement.

A l'époque de la moisson, on voyait passer chaque jour sur le chemin de St-Gérand, de nombreuses équipes de moissonneurs munis d'une grande faucille qu'ils appelaient volant ;

ils venaient faire la moisson dans les domaines. C'étaient tous des ouvriers de la montagne, qui commençaient leur campagne dans la Loire, où la récolte est plus précoce, puis venaient dans la forterre et allaient terminer dans la Limagne d'Auvergne.

A St-Gérand était une loue importante où se rendaient certains jours plusieurs centaines de moissonneurs que les patrons venaient embaucher. Les anciens se souviennent avoir vu payer les moissonneurs trente sous par jour. Mais chaque année, les salaires sont toujours allés en augmentant pour atteindre 7 et même 8 francs par jour quelque temps avant l'introduction des moissonneuses.

Tous ces ouvriers, qui étaient d'une dextérité remarquable pour manier le volant, jetaient pendant une quinzaine de jours une certaine animation dans le pays ; aujourd'hui cette immigration passagère a presque complètement disparu.

Mais une nouvelle industrie, celle de l'extraction de la pierre et de la fabrication de la chaux, prend chaque jour de plus en plus d'extension.

Les premiers fours à chaux, construits par M. Elie Boule, remontent à 1872. Ils étaient situés sur le territoire de Boucé, au Vendant, à 1 kilomètre du bourg de Montaigu, et la chaux était vendue sous le nom de chaux de Montaigu.

Un peu plus tard, d'autres furent construits par MM Desfemmes frères, de St-Gérand-le-Puy, sur les confins de la commune, à Chantegret et à Poncenat.

Cette industrie prit rapidement une grande extension quand on reconnut l'action bienfaisante de la chaux comme amendement, dans les terres qui en sont dépourvues. Aussi l'employa-t-on d'abord dans les communes environnantes du canton de Neuilly-le-Réal d'une part, de Lapalisse et du Mayet-de-Montagne d'autre part. Mais depuis la création des dernières lignes de chemins de fer économiques et l'établissement d'une gare à Boucé-Montaigu, cette industrie s'est encore accrue considérablement, d'autant plus que la qualité des produits jouit d'une réputation méritée.

Voici d'après un laboratoire de Paris, l'analyse de la chaux du Vendant :

Silice, 2,15 ; alumine, 1,15 ; peroxyde de fer, 0,35 ; chaux, 83,15 ; magnésie, 0,60 ; acide sulfurique, 0,20 ; acide phosphorique, 1,25 ; perte au feu, 11,15. TOTAL : 100,00

On compte aujourd'hui huit fours à chaux exploités par MM. Labaye, Desfemmes, et Démonet. En pleine activité, la fabrication de la chaux, qui dure de février au commencement de mai, occupe, avec l'extraction de la pierre qui dure toute l'année, un total de 50 ouvriers.

Une seconde campagne de travail, un peu moins importante a lieu à l'automne, pour les ensemencements de blé.

Tout l'hiver l'extraction de la pierre bat son plein. Aux ouvriers du métier viennent s'adjoindre les ouvriers du bâtiment et beaucoup de petits cultivateurs auxquels la mauvaise saison laisse des loisirs, et qui les occupent à un travail sain et rémunérateur. Aussi n'y a-t-il jamais de chômage.

La production moyenne de la chaux s'élève annuellement pour les huit fours à 100.000 hectolitres vendus à raison de 1 fr. 75 la pièce de 2 hectolitres prise au four.

Ajoutons que la pierre à bâtir et la pierre de taille font aussi l'objet d'un commerce d'exportation.

Le salaire des ouvriers occupés aux fours, en raison des fatigues du travail et de sa durée, est de 5 fr. par jour. Ceux qui extraient la pierre gagnent 0 fr. 35 l'heure.

Quant aux commerçants et artisans, leur nombre a considérablement augmenté. La primitive épicerie du père Fournier est remplacée aujourd'hui par quatre magasins bien achalandés, dans lesquels on trouve une quantité d'articles variés, ainsi que des assortiments complets de vaisselle, graines potagères et fourragères, quincaillerie, articles funéraires, etc.

La modeste auberge Coursolle a fait place à quatre hôtels-cafés très confortables.

Le tisserand, les peigneurs de chanvre et le tailleur à façon ont disparu, mais en revanche, on trouve : un marchand de vins en gros installé depuis 1880 ; une boucherie ouverte en 1894, deux maréchaleries, trois charrons, dont deux sont en même temps forgerons, deux marchands-tailleurs avec chapellerie, deux entrepreneurs de maçonnerie, quatre sabotiers, un cordonnier, un charpentier avec scierie à vapeur, un marchand de bicyclettes, etc.

Si la population compte quelques immigrants, il n'en existe pas moins un fort exode se dirigeant vers la ville, surtout parmi la jeunesse. Celle-ci recherche de préférence les emplois lucratifs de gens de maison, commerce, grandes administrations, ou autres paraissant mieux rétribués que ceux que l'on trouve à la campagne ou en province, et ce mouvement a nulle tendance à se ralentir.

A la suite de la promulgation de la loi du 1er avril 1898 qui fut la charte de la Mutualité, un certain nombre de sociétés de secours mutuels se constituèrent immédiatement dans les environs. Comme certains exemples sont contagieux, le projet d'en fonder une à Montaigu, lancé par quelques initiateurs, ne tarda pas à prendre corps, et au début de 1902, 49 signatures avaient été recueillies.

Une première assemblée générale eût lieu le 24 janvier de cette même année pour l'élaboration des statuts. A la suite de cette réunion, dix sociétaires donnèrent leur démission.

La société restait donc réduite à 39 membres participants et 7 membres honoraires.

Elle se mit résolument à l'œuvre avec cet effectif qui s'élève aujourd'hui à 77 participants et 10 membres honoraires.

Elle est composée exclusivement d'adultes-hommes, et elle ne les reçoit pas au-dessous de 16 ans ni au-dessus de 45.

Elle a pour but la maladie et la retraite, celle-ci constituée au moyen de livrets individuels de la Caisse nationale des retraites pour la vieillesse.

Son affiliation à l'Union départementale et à la Caisse de réassurance lui permet, à l'expiration des trois mois de secours médicaux et pharmaceutiques prévus par les statuts, d'accorder aux sociétaires atteints de maladies prolongées un secours de 1 fr. par jour pendant un an, et 0 fr. 50 la deuxième année.

Le Bureau primitif fut constitué de la façon suivante après avoir procédé aux votes préliminaires :

Président : LAUSTRIAT ; *vice-présidents :* POUILLEN et RABET ; *trésorier :* VALADAS ; *secrétaires :* MOREL, TACHON.

Six administrateurs furent adjoints comme assesseurs.

Les résultats moraux et financiers ont été jusque-là des plus satisfaisants. Ainsi, au 31 décembre 1913, la situation s'établissait ainsi :

Secours payés de toutes natures : médecins, pharmacien et journées d'incapacité de travail, depuis la fondation . 5.293 francs.

Capital placé à la Caisse des retraites : 5.169 francs.

Capital placé en fonds libres à la Caisse des Dépôts et consignations : 2.745 francs.

Une mutuelle scolaire existe à l'école des garçons.

Ceux-ci quittant l'école à 13 ans ne peuvent plus faire partie de la société, et sont trop jeunes pour entrer dans la société d'adultes. Pour les empêcher de déserter la Mutualite et de perdre leurs droits acquis, une section de pupilles a été créée sous le nom de « *Pont mutualiste* » pour faciliter le passage d'une société à l'autre, de sorte que le recrutement sera toujours assuré.

La société de secours mutuels, en dehors de son but utilitaire, s'est employée aussi à développer le goût des distractions ayant un caractère moral et artistique. Des soirées récréatives comprenant chant, musique, saynètes, monologues et comédies, sont données tous les deux ans sous ses auspices par une jeunesse avide de gaieté et de saines émotions ; aussi ontelles auprès du public un succès dépassant toute espérance.

Ce genre de propagande n'a pas peu contribué à faire connaître la Société et à développer son effectif.

De plus, sa bonne administration et les services qu'elle a rendus ont été l'objet de récompenses aux expositions de la Mutualité de Bordeaux, 1906, et de Nancy, 1909. Elle a obtenu, en effet, une médaille de bronze à la première et une médaille d'argent à la seconde exposition.

La subdivision de sapeurs-pompiers n'a été créée qu'en 1911. Depuis longtemps le projet germait dans quelques esprits, mais les difficultés surgissaient quand il s'agissait de trouver les hommes ou de trouver les ressources.

Il est vrai que l'urgence ne s'en faisait pas énormément sentir, car à Montaigu, les incendies sont très rares, surtout depuis la disparition des toits en chaume, remplacés presque partout par des toitures en tuiles Cependant il était toujours à craindre qu'un sinistre important se déclarât, et on fit cette réflexion que ce serait bien regrettable d'assister impuissants au desastre, ou d'avoir recours aux subdivisions voisines, lesquelles, de plus, mettraient un temps assez long pour se rendre sur les lieux.

On tenta donc, dans le courant de 1911, de pressentir tous les hommes de bonne volonté, jeunes, ayant accompli leur service militaire pour faire partie de la nouvelle société. Le contingent fut bientôt complet, et on rechercha les fonds pour l'achat de la pompe et les uniformes.

Une souscription faite parmi les habitants et les propriétaires ayant des intérêts dans la commune produisit 1.000 fr.

Le Conseil municipal vota 500 francs. C'était suffisant pour acquérir le matériel et l'équipement nécessaires. En même temps on procédait à la construction d'un hangar pour loger la pompe et les accessaires.

La subdivision était donc crée, et par décret du 5 octobre 1911. M. Tachon était nommé sous-lieutenant pour la commander. Le cadre fut complété par les sapeurs pompiers qui désignèrent comme sergent M. Rambaud ; caporaux MM. Roudier et Arnoux ; clairons, MM. Véron, Gouby, Jonard.

Le premier dimanche de chaque mois il y a manœuvre de la pompe, ou bien exercices se rapportant à tout ce qui a trait aux extinctions d'incendie. Tous les membres y assistent régulièrement et ont toujours fait preuve jusque-là de beaucoup d'entrain et de bonne volonté. Aussi tout fait espérer que si un jour ils étaient appelés à combattre un sinistre, ils se montreraient complètement à hauteur de leur tâche.

La création d'un syndicat de défense contre la grêle est toute récente. Depuis plusieurs années, à la suite d'expériences sinon décisives, du moins très encourageantes, faites dans le but de conjurer les effets désastreux de la grêle, principalement à l'aide de canons, et surtout de fusées, des associations de cultivateurs s'étaient formées pour organiser une défense collective sous forme de postes plus moins rapprochés. La dépense devait être supportée en commun et proprotionnée à l'étendue de terrain à protéger de chacun.

La défense organisée d'abord dans les pays viticoles, ne tarda pas à s'étendre également aux pays à céréales et tout au tour de nous des syndicats communaux se formaient pour suivre l'exemple donné.

C'est alors que quelques cultivateurs de notre commune, fermiers et métayers, commencèrent de créer des postes isolés, mais peu à peu ils s'aperçurent que la dépense devenait relativemen élevée, e les résultats étaient problématiques parce que la défense était mal organisée.

Ils prirent l'initiative de faire appel à tous les habitants pour former un syndicat s'étendant à toute la commune, alors on pourrait multiplier les postes afin d'assurer une défense plus complète.

Une première réunion, le 6 avril 1913, eut un plein succès. 110 adhérents se présentèrent pour participer à cette œuvre et déléguèrent pleins pouvoirs à un bureau provisoire pour élaborer les statuts de l'association. La présidence, mise aux voix fut accordée à M. David Gilbert.

Le 27 avril suivant, une seconde réunion presque aussi nombreuse nommait le bureau composé, en dehors du président, de 2 vice-présidents, 2 secrétaires, 1 trésorier et 6 administrateurs. Cette assemblée approuvait les statuts dont lecture fut donnée.

Une souscription ouverte immédiatement, à laquelle chacun contribua selon l'étendue du terrain à défendre (environ 1 fr. par hectare) rapporta plus de 1.000 fr. Cette somme fut affectée à l'achat de fusées et autres mêmes dépenses accessoires.

Il ne reste qu'à souhaiter que ce bel élan continue. Cette aide mutuelle pour se protéger les uns les autres étant du meilleur effet moral.

PARTICULARITÉS LOCALES

La Place

Au nombre des curiosités de Montaigu, il faut citer la Place publique qui mérite une mention spéciale.

Elle représente un quadrilatère assez régulier d'une surface de deux hectares, absolument plane, traversée dans son milieu par la route départementale de Laferté-Hauterive à Lapalisse, et entièrement plantée d'arbres disposés en quinconce, tous centenaires dans la partie ouest. Quelques-uns sont vraiment remarquables par la grosseur de leur tronc et le développement de leur ramure. Aussi les habitants du pays s'enorgueillissent-ils de leurs beaux ombrages lorsque, pendant la belle saison, ceux-ci s'étalent en abondantes frondaisons sur le tapis vert qui recouvre le sol.

A part la route qui la traverse du nord au sud,elle est sillonnée de nombreux petits sentiers tracés par les piétons pour abréger la distance qui les sépare d'un point du bourg à l'autre. Ceux-ci, bien que recouverts d'un macadam grossier composé de pierrailles et et de terre extraite des carrières, sont suffisamment en état pour permettre de circuler sans rester embourbés comme c'était le cas avant cette amélioration.

Mais notre place n'a pas toujours eu l'aspect que nous lui voyons aujourd'hui. Au XVIIIe siècle, c'était un simple terrain communal planté en noyers dont le produit, sous la première République était mis en adjudication et livré au plus offrant et dernier enchérisseur. Le rendement était de 24 fr. par an en mauvaise année ; de 109 fr. en année d'abondance.

En 1804,on remplaça dans la partie ouest les noyers par des ormes qui existent encore ; la partie est, après avoir été quelque temps comprise dans le chemin de Grande communication n° 32, fut remise dans son état actuel et plantée d'arbres dont la croissance se trouve, de ce fait, plus irrégulière.

Autrefois, quand les travaux d'assainissement étaient inconnus, notre place publique ne pouvait être saine, vu sa configuration. Aussi toute la partie nord, la plus basse, n'était-elle qu'un marais, ou plutôt une mare remplie d'eau pendant la saison des pluies.

Des apports de terre, avec un nivellement bien compris, ont permis d'assainir convenablement cette partie et de lui donner le même aspect qu'ailleurs.

La Place a joué un grand rôle dans la vie publique des habitants ; elle était beaucoup plus fréquentée autrefois qu'aujourd'hui. Après l'hiver, saison où elle n'était quelquefois pas exempte de beauté quand ses branches et ramilles étaient recouvertes de neige ou de givre, la première manifestation qui s'y livrait était le feu des Brandons, maintenu encore de nos jours. Les enfants du bourg, après force réquisition de paille, broussailles, et autres combustibles, élevaient au milieu un énorme bûcher auquel on mettait le feu à la tombée de la nuit.

Tout le bourg — mais le bourg seulement, parce que la campagne avait aussi ses feux — était là, jouant, riant, et les plus jeunes sautant par dessus le brasier quand les flammes étaient éteintes. Des danses, des rondes, auxquelles jeunes et vieux prenaient part, étaient le complément de ces réjouissances du début de l'année.

Généralement, après les Brandons, la saison des jeux commençait. Chaque dimanche, après la messe ou dans la soirée, on voyait trois ou quatre équipes de joueurs de quilles s'amuser à ce jeu, ou plutôt à ce sport. Plus loin, on voyait un jeu de râpeau, d'autres jouaient au palet ; les enfants jouaient aux neuf creux. Certains jours de beau temps, c'était un entrain général.

Comme la jeunesse ne perd jamais ses droits aux plaisirs, jeunes filles et jeunes gens dansaient sur l'herbe tendre aux sons de la vielle, du violon, ou de la cornemuse, et à la nuit tombante, chacun rentrait chez soi, heureux de sa journée.

La foire de juin mettait tout le monde sens dessus dessous, grâce à la vaste place sur laquelle arrivaient de nombreux animaux de toutes les espèces qui jouissaient de l'espace et de l'ombre. D'un côté les animaux, de l'autre, les marchands de toutes sortes : vaisselle, légumes, quincaillerie, étoffes, chapeaux, etc. De nombreuses tentes élevées par des débitants étrangers à la commune abritaient les consommateurs auxquels on servait à boire et à manger. Chaque famille avait des invités et le soir c'était une grande fête dont le bourdonnement ne s'éteignait qu'assez avant dans la nuit.

Tout cela n'existe plus ! Aussi ne peut-on s'empêcher de faire des réflexions sur les spectacles dont nos vieux ormes ont été les témoins.

Parmi ceux-là, il en est un que nous ne pouvons résister au plaisir de raconter.

Beaucoup de nos contemporains n'ont sans doute pas oublié la joviale et légendaire figure du père Ray, dit Charlot, décédé à l'âge de 86 ans. Mais à l'époque dont nous voulons parler, le père Ray était le jeune Charlot, garçon enjoué, espiègle, toujours à l'affût de quelque tour amusant.

Or, il était de coutume autrefois, lorsqu'une jeune fille devait se marier, de simuler une fuite la veille du mariage, et c'étaient aux garçons de la noce de la rechercher et la remettre à son fiancé. C'était une parodie de ce qui existait au temps de l'âge de fer, où le rapt de la femme par l'homme était la cérémonie habituelle du mariage, et peut-être de ce qui existait chez nous c'est-à-dire chez les Gaulois ou les Aryas.

Une jeune fille était donc à marier à Montaigu, et la veille de la noce, les camarades du futur viennent pour la chercher. Les recherches se faisaient pendant la veillée, et elles n'étaient pas toujours faciles.

Ray se présente à eux et leur dit : « Vous cherchez la novye (abréviation de nouvelle — ou future — mariée), elle n'est pas difficile à trouver ! Elle est sur la Place, j'en suis certain ! » Nos jeunes gens se dispersent et fouillent tous les coins, font le tour de tous les arbres, s'étonnent de ne rien trouver, et finalement reviennent à la maison bredouille.

En cas de réussite, on préparait un festin copieux pour récompenser les chercheurs. En cas d'échec, on faisait un pot-au-feu composé de vieilles bottes et de vieux chaussons qu'on faisait bouillir dans une marmite par dérision pour leur maladresse.

Tel fut le sort réservé à nos chercheurs qui ne se l'expliquaient pas devant l'affirmation de Charlot.

Celui-ci mit les choses au point en leur apprenant que, grâce à sa complicité, la future était montée sur un arbre, et les chercheurs, les yeux obstinément fixés à terre, et aussi par suite de l'obscurité, ne s'étaient aperçus de rien.

C'est ainsi qu'on préludait aux réjouissances qui devaient avoir lieu le lendemain, ce qui prouve que la gaîté française, succédant à la vieille gaîté gauloise, n'a jamais faibli chez nous.

Les Turails

Turail est un mot local, d'autres disent tureau.

Ces mots sont synonymes de mamelon, puy, rez, etc., c'est-à-dire désignent des éminences à forme arrondie ou aigue, plus ou moins régulière.

Les turails de Montaigu ont généralement une forme assez régulière de demi-sphère ou dôme , et la hauteur varie de 20 à 50 mètres au-dessus du terrain environnant.

De quelque côté qu'on arrive, ces turails frappent l'œil de l'observateur, car c'est une conformation orographique assez rare, et il serait difficile d'expliquer le phénomène géologique qui les a produits. Recouverts d'une légère couche de terre végétale et de gazon, ils sont généralement formés de roche calcaire, et déja quelques-uns ont disparu sous le pic du carrier. Celui qui existait près de l'église de Ciernat est rasé, il a été exploité entièrement pour la fabrication de la chaux. Celui du Vendant, sur Boucé, mais plus rapproché de Montaigu, a diparu également après avoir fourni une quantité énorme de chaux et de pierre à bâtir. Celui des Lapins est entamé et peu à peu, les autres subiront le même sort.

Il faut même s'attendre, dans quelques siècles, à voir la physionomie du pays changer complètement par suite de la disparition de tous ces mamelons et des collines qui existent à Montaigu, car il est certain que l'extraction de la pierre va suivre une marche de plus en plus active.

Jusqu'à ce jour, les turails avaient une destination beaucoup plus simple. Ils servaient de pacage aux moutons, et pour les Brandons, on y allumait des feux dont la vue s'étendait très loin. Là où le sommet avait la forme d'un plateau, on y dansait des rondes à certains jours, et les plaisirs n'étaient pas moins sains et agréables que maintenant. Quelquefois aussi on voit des promeneurs y monter pour explorer l'horizon et jouir d'une vue très étendue.

Dans l'antiquité et au Moyen-âge, nos turails servaient à la défense du pays. Ainsi le vieux château féodal est bâti sur un de ces monticules, dans une situation admirable pour l'époque pour être non-seulement imprenable, mais inabordable, tandis qu'aujourd'hui il serait exposé à être détruit par l'artillerie qui ne laisserait pas pierre sur pierre.

Du côté de l'est à la Jarousse, existe le plateau ou turail de Chassemiane, où on a découvert des restes fort intéressants de fortifications gauloises reconnus depuis peu de temps.

Aujourd'hui, ceux qui ne sont pas exploités comme carrières sont utilisés par leur propriétaires en jolies promenades boisées ou gazonnées, ou bien pour des essais de culture de vignes sur leurs flancs. Dans l'un comme dans l'autre cas, la vue en est toujours attrayante.

Aimons donc nos turails, source de profits et d'agrément, et plaignons le jour où ils pourraient cesser d'exister.

Clôtures en pierres sèches

La commune de Montaigu-le-Blin, avons-nous dit, est riche en pierre calcaire qu'on trouve à peu près dans toute son étendue à l'exception du plateau des Communes. L'extraction en est assez facile, et si aujourd'hui on l'emploie principalement à la fabrication de la chaux pour exporter dans les pays qui en sont dépourvus, on l'employait surtout, autrefois, à clore les champs.

C'est encore aujourd'hui une des particularités du pays quoique un grand nombre de ces clôtures aient disparu.

On clôturait pour plusieurs raisons. D'abord : 1° pour défendre les récoltes contre les dégâts auxquels elles sont exposées aux issues des villages, et qui restent impunis ; 2° Les terres closes ont plus d'abri contre les vents et les gelées, et ne sont pas exposées à la vaine pâture ; 3° « Plus une terre a de clôtures plus elle est noble pour le Maître, commode et utile pour le Censier. »

Ces clôtures en pierres sèches n'étaient pas, assurément, impénétrables. Elles consistaient en murs formés de grosses pierres brutes. Leurs dimensions étaient en général les suivantes : hauteur 1 mètre ; largeur en bas 0 m. 80, et 0 m. 60 en haut. Leur forme primitive était sans doute plus régulière qu'aujourd'hui, car ces murs avaient dû être bâtis par des ouvriers spéciaux, mais avec le temps, ils se sont bien déformés et ne sont même plus entretenus.

A l'époque où ils furent construits, ils devaient avoir leur raison d'être, et l'aspect du pays ne manquait pas d'originalité. En même temps, ils témoignaient du soin jaloux qu'avaient de leurs terres et leurs droits les propriétaires de ce temps-là.

Ceux qui subsistent se remarquent autour de toutes les anciennes seigneuries : Ciernat, Poncenat, Beaurepaire, Puy-Digon, etc., autour des maisons nobles ou bourgeoises de Montaigu, et même jusqu'à Chervignière, ce qui indique bien qu'il y a eu autrefois une seigneurie dont on ne voit plus d'autre trace que ces clôtures de terre noble.

Vieux Colombiers

Une des conséquences de notre état politique et social (autant qu'agricole) actuel est la disparition, non des colombiers, mais des hôtes qui les habitaient.

A Montaigu on ne rencontre pas moins d'une bonne douzaine de ces constructions qui abritaient de nombreuses bandes de pigeons « le colombier étant une des pièces de la maison de campagne qui apporte le plus profits » (Nouvelle Maison rustique, 1762).

On distinguait deux sortes de colombiers ; le colombier à pied, tantôt carré, tantôt en forme de tour, avec des niches pour loger les pigeons depuis le bas jusqu'au haut, et le pigeonnier ou volière à pigeons, élevé sur 4 piliers, ou bien sur les portails de grange ou d'entrée de cour, et qui n'avait de niches ou boulins que dans le haut.

Le droit d'avoir un colombier variait suivant les coutumes des provinces, mais en général il n'appartenait qu'au Seigneur Haut-Justicier et au seigneur de Fief possédant cinquante ou cent arpents de terres en domaine, suivant la province.

Pour ceux qui n'avaient ni Fief ni Justice « la Jurisprudence du Parlement de Paris décide qu'ils peuvent avoir une volière ou pigeonnier s'ils ont cinquante arpents de terre. S'ils en ont moins,, ils ne peuvent avoir de pigeons fuyards ».

Telle paraît être la coutume qui régissait le droit de colombier à Montaigu, car nous ne voyons que les colombiers de Poncenat et Ciernat, peut-être quelques autres dont on ne voit que les vestiges, qui étaient de véritables colombiers à pieds comme appartenant à des seigneurs de fiefs. Il apparait qu'il y avait en outre un certain nombre de petits seigneurs n'ayant ni fief ni justice, mais possédant la quantité d'arpents nécessaire pour avoir le droit de pigeonnier, qui usaient presque tous de ce droit. De ce nombre sont les pigeonniers de Beaurepaire, la Boulaise, etc.

Faut-il regretter que cette branche de la production agricole ait disparu ? Nous ne le croyons pas.

En effet, il est reconnu depuis longtemps que les pigeons commettent des dégâts dans les terres nouvellement semées, soit pour se nourrir, soit pour emporter les graines à leurs petits.

Cependant des auteurs anciens estiment que « tout le dommage que les pigeons peuvent apporter aux terres où ils s'ébattent se compense suffisament avec le profit qu'ils y font par leur fiente qui est le meilleur des fumiers ; qu'ils mangent les vermisseaux et beaucoup de mauvaises herbes qui nuisent aux bonnes semences, etc. » Tandis que d'autres prétendent au contraire que « le trop grand nombre de pigeons étant fort nuisible aux voisins, et, ne s'adressant qu'au bon grain, leur voracité ruine les campagnes où tout le peuple nourrit les pigeons sans pouvoir avoir tous des colombiers, qu'ainsi il en faut restreindre le nombre ».

Aujourd'hui les temps sont bien changés, on ne voit que très peu de pigeons fuyards, pourtant quelques rares amateurs s'occupent à sélectionner, sans grand profit peut-être, des pigeons de volière. De ce fait, colombiers et pigeonniers sont affectés à d'autres usages.

Anciens Etangs

Les étangs, si nombreux autrefois sur notre territoire, ont complètement disparu de Montaigu.

Le nom du principal, qui était au pied du vieux château féodal pour en défendre l'accès à l'est et au nord, est resté aux maisons d'alentour. Cet étang actionnait le Vieux Moulin qui n'existait plus depuis bien avant 1789, mais dont la place qu'il occupait a conservé la dénomination

En amont de celui-ci il en existait jusqu'à la source du ruisseau le Haut Valençon sur lequel ils étaient formés.

Il y a peu de traces indiquant qu'il en existait aussi en aval.

Mais il y en avait aussi sur le ruisseau de Poncenat. Celui-ci qui était au pied du château de ce nom avait plus de seize hectares, et il s'en étageait d'autres en amont, sur le même ruisseau, jusqu'à Puy-Rambaud et Chervignière.

En outre, on en avait créé partout où il y avait une source d'un débit régulier : Beaurepaire, les Gaumins, etc.

Le droit d'avoir un étang appartenait, suivant beaucoup de coutumes « à tous ceux qui possédaient un héritage, soit nobles ou roturiers, pourvu que ce soit sans nuire ni aux chemins, ni aux moulins et autres droit d'autrui »:

D'autres coutumes attribuent le droit d'étang aux seigneurs Haut-justiciers ou Féodaux, et elles leur permettent « d'en dilater l'eau sur leurs voisins en leur donnant au préalable la récompense des héritages qui seraient submergés ».

A Montaigu, le droit d'avoir un étang paraît surtout avoir été possédé par les seigneurs de fiefs, petits ou grands.

Tous ces étangs étaient convenablement peuplés de poissons dont le produit constituait un revenu très appréciable. Les pisciculteurs de l'époque avaient du reste des notions très pratiques sur la manière d'élever les diverses variétés de poissons.

Il y avait deux saisons pour pêcher l'étang : à la fin de l'hiver et à l'automne. Les raisons pour pêcher à l'automne étaient peut-être meilleures au point de vue du rendement et de la prospérité du poisson, mais pour raison religieuse on pêchait de préférence au mois de mars ou d'avril, c'est-à-dire pendant le carême, où la consommation de cette viande était seule permise à l'exclusion de toute autre ; la vente était plus assurée et les prix meilleurs.

La pêche se faisait de trois ans en trois ans. Il y avait beaucoup de marchands de poisson qui opéraient en grand et étaient des commerçants importants.

Aujourd'hui, l'industrie poissonnière a complètement disparu. Les quelques biefs de moulin qui subsistent fournissent un peu de poisson qui se consomme entièrement dans le pays Les anciens étangs ont fait place à des terres de fond de première qualité qu'on exploite en prairies naturelles ou en cultures diverses donnant des rendements éormes.

Ceci vaut encore mieux que cela, d'autant plus que la multiplicité des étangs entretenait le pays dans une atmosphère humide et malsaine qui produisait les plus funestes effets sur la santé publique.

Les bêtes rouges

Il arrive souvent à la campagne de s'étendre sur l'herbe pendant les chaleurs de l'été pour se reposer.

Jusqu'en juillet on peut le faire sans inconvénient ; mais à partir du mois d'août, vous ressentez aux jambes et sur tout le corps de violentes démangeaisons en même temps que se forment des boutons ou boursouflures.

Le fait seul de travailler dans les prés et les chaumes produit le même résultat.

Les gens du pays vous diront que ces démangeaisons sont causées par les « bêtes rouges », qui se trouvent en grande abondance, surtout dans la trainasse ou renouée des oiseaux, mais là s'arrêtent leurs explications.

L'observateur sérieux ne peut s'en contenter, et il nous a été donné d'apprendre que l'insecte cause de tout le mal était l'*aoûtat,* ainsi nommé à cause du mois pendant lequel il manifeste sa présence. Mais en réalité, il vit au printemps; c'est une petite bête de 2 millimètres et demi de long, dont le corps est d'un beau rouge écarlate. Les entomologistes le classent dans le groupe des acariens et le désignent sous le nom de Trombidion soyeux.

Les œufs pondus au printemps éclosent au mois d'août et produisent de très petites larves que l'on ne voit bien qu'à l'aide d'une loupe; elles sont de couleur rouge orangé et portent trois paires de pattes. Les larves constituent ce que l'on appelle les aoûtats, ou rougets; ce sont elles qui causent les démangeaisons.

Il y a sûrement des aoûtats ou bêtes rouges un peu partout, mais nous croyons qu'il est peu de contrées où elles vivent en colonies aussi nombreuses qu'à Montaigu.

Le patois

On peut dire que le patois bourbonnais varie non seulement d'un canton à l'autre, mais d'une commune à l'autre. Si le patois du canton de Varennes varie de celui du Mayet ou de Chevagnes, par exemple, il varie aussi, mais peu, de Montaigu à Boucé, et beaucoup de Montaigu à St-Germain-des-Fossés qui est du même canton.

Pour celui qui voudrait connaître le vocabulaire complet du patois bourbonnais, nous le renvoyons à l'excellent ouvrage de J.-E. Choussy portant ce titre.

Nous constatons toutefois que le patois s'est bien modifié depuis un siècle et qu'il se modifie chaque jour, le pur français le faisant reculer de plus en plus, si bien qu'il ne sera plus conservé qu'au fond des campagnes où la promiscuité avec les habitants du bourg est moins étroite, ce qui rend le paysan naturellement plus réfractaire à la connaissance de la langue française.

Quant à l'origine de ce patois, il paraît dérivé du grec et du latin. Nous ne nous attarderons pas à rechercher l'étymologie de certains mots patois d'un usage courant, mais il y a beaucoup de raisons de croire qu'ils nous viennent des colons grecs et romains qui envahirent la Gaule avant l'ère chrétienne, et dont l'état de civilisation avancée contribua à l'amélioration de la culture et à l'embellissement du pays.

D'après Choussy, sur 500 mots patois, 234 viennent du latin, 144 du grec, et une soixantaine de l'italien.

CONCLUSION

De l'étude — pour ne pas dire de l'enquête — à laquelle nous venons de nous livrer sur le passé et le présent de Montaigu, il est permis de se demander quel sera l'avenir.

Si le progrès en toutes choses a été très lent jusqu'à la fin du XVIIIe siècle, il a été très rapide à partir de cette époque, et surtout depuis l'apparition des chemins de fer jusqu'à nos jours. Aussi, quel serait l'étonnement d'un revenant des derniers siècles en voyant les merveilles de la vapeur et de l'électricité appliquées à l'agriculture aussi bien qu'à l'industrie ; en voyant surtout les bicyclettes et les automobiles rouler à des allures vertigineuses sur nos routes bien entretenues, et en apercevant les aéroplanes !

Le progrès est infini et incessant. Il peut subir parfois des arrêts, mais il reprend infailliblement sa marche en avant, surtout dans les pays libres.

Nous pouvons donc nous attendre à de nouvelles découvertes et à d'autres surprises que nous ne voulons pas essayer d'esquisser ici.

Un symptôme de bon aloi est la tendance qu'ont les hommes à s'unir et se resserrer de plus en plus, autrement dit, à s'associer dans un but généralement élevé.

Un de nos hommes d'Etat a dit que le XXe siècle serait le siècle de la Mutualité et de l'Association, et, en effet, nous ne voyons guère de communes aujourd'hui qui ne comptent pas une société quelconque. Il appartient aux pouvoirs publics de les encourager sous toutes les formes, car plus les hommes se sentiront solidaires les uns des autres, plus ils seront justes, et travailleront à écarter d'eux la misère sous toutes les formes.

Par contre, un symptôme inquiétant est la dépopulation des campagnes au profit des bourgs et des villes.

Cependant, la natalité ne diminue pas dans les communes rurales, et principalement dans la nôtre, puisqu'en 1913 on compte 16 naissances contre 8 décès.

Si ce courant d'émigration ne s'arrête pas, le pays subira forcément une crise dont les conséquences pourront être désastreuses.

Il appartient encore aux pouvoirs publics d'y remédier en rendant la vie à la campagne plus attrayante.

Trop souvent, en effet, la vie du paysan rappelle un peu celle de Sisyphe roulant son rocher, et cependant il n'a rien fait pour mériter pareil châtiment.

De plus, les éléments : grêle, gelée, sécheresse, humidité ; les maladies du bétail et des plantes ; les charges fiscales, tout cela accumulé en travers de sa route l'empêche d'acquérir à force de travail une modeste aisane. Il faut qu'il s'aide, mais il faut aussi qu'on l'aide !

Quelques progrès ont bien été faits. Sous l'influence de l'instruction et de la bonne fréquentation, la jeunesse des campagnes tend de plus en plus à s'urbaniser. On ne distingue plus guère les jeunes gens de la campagne de ceux de la ville, et on voit souvent nos jeunes campagnardes avoir des airs de Parisiennes authentiques avec leurs toilettes à la mode Malheureusement quand ils comparent leur situation avec celle de leurs camarades des villes, ils reconnaissent que les rues pavées ou asphaltées sont préférables aux chemins boueux et impraticables qu'ils fréquentent ; le logement, peut-être plus vaste chez eux, n'est pas aussi propre, et la toilette y fait moins d'effet. Enfin, en ville, il y a aussi des distractions qui n'existent pas à la campagne.

Il serait cependant assez facile de satisfaire ces desiderata. On pourrait par exemple améliorer, et construire au besoin les chemins qui aboutissent à la maison du paysan ; c'est un contribuable et un producteur de blé ; il est à ce titre doublement intéressant. Sa maison doit être propre, confortable, spacieuse, et le soin de la rendre ainsi appartient à son propriétaire s'il ne l'est lui-même.

Quant aux distractions, pourquoi ne formerait-on pas dans chaque commune des sociétés artistiques de jeunes gens, garçons et filles, qui étudieraient sommairement les arts sous toutes les formes, et même, pratiqueraient les sports ? Déjà la Société de Secours mutuels donne des fêtes sous forme de concerts-spectacles avec des éléments tirés uniquement du pays.

Tous les jeunes acteurs qui jouent des rôles s'en tirent à merveille, et ils retirent de ces fêtes, en même temps qu'une saine distraction, une utile leçon.

Nous pensons qu'il serait facile, avec un peu de bonne volonté, de grouper en société tous ces jeunes acteurs en herbe, et une fois qu'ils auraient goûté le plaisir du théâtre à la campagne, ils ne songeraient plus à aller à la ville.

Au point de vue industriel, nous croyons que Montaigu est appelé à un brillant avenir, grâce à sa richesse en pierre calcaire, car l'extraction de celle-ci est relativement récente, et nous croyons que si les procédés étaient perfectionnés, la production serait meilleure, car là où le carrier a passé, il reste encore beaucoup de calcaire dans les entrailles de la terre.

Peut-être la pierre extraite sera-t-elle toujours exportée sous forme de chaux ou d'amendement dans les pays qui en sont dépourvus ? Peut-être aussi trouvera-t-on un procédé chimique pour la transformation en engrais plus puissant, le nitrate de chaux, par exemple, qui viendrait bien à point pour nous libérer du nitrate de soude que le Chili nous vend très cher. Mais il faut pour cela que les frais de fabrication soient rémunérateurs, et pour l'instant ils ne le paraissent pas.

Quoiqu'il en soit, nous pouvons estimer qu'il y a dans les collines ou turails de Montaigu des millions de tonnes de pierre à extraire, et il serait à désirer qu'une ligne de chemin de fer passât plus à proximité des gisements qui existent pour diminuer d'autant les frais de transport dont bénéficierait le consommateur ou acheteur, autant que le producteur.

Le progrès agricole continuera aussi sa marche ascendante, et lorsqu'on aura rendu justice aux légitimes revendications des cultivateurs, le retour à la terre remplacera le fléau d'émigration qui sévit actuellement.

La vie à la campagne deviendra de plus en plus douce et agréable, car la culture deviendra plus facile avec des instrumnts de plus en plus perfectionnés. Si les anciens de notre génération en étaient réduits à se servir encore des instruments à bras ou des rudimentaires araires dont se servaient déjà les Gaulois pour faire un travail lent et très pénible, nous voyons aujourd'hui le travail décuplé par les instruments à traction animale qui se répandent chaque jour, grâce aux progrès de la mécanique.

Peut-être verrons-nous bientôt la motoculture passer de la théorie dans la pratique, puisque des essais assez encourageants ont été tentés dans plusieurs régions. La réussite serait encore un allègement de la main-d'œuvre agricole ; en même temps les animaux, surtout ceux de l'espèce bovine, employés jusque-là comme tracteurs, n'auraient plus pour unique destination que la production de la viande et du lait.

Enfin les transactions commerciales se modifieront en s'améliorant toujours. L'écoulement des produits se fera de plus en plus facilement : il n'y aura plus ni surproduction ni disette........

FÉVRIER 1914.

TABLE DES MATIÈRES

VICHY. — IMP. COLLON

www.ingramcontent.com/pod-product-compliance
Ingram Content Group UK Ltd.
Pitfield, Milton Keynes, MK11 3LW, UK
UKHW022131260726
13993UKWH00003B/1370

9 782329 199795